鶏料理

とり

部位別の基本と
和洋中のレシピ

猪股善人 鳥よし
江﨑新太郎 青山えさき
谷 昇 ル・マンジュ・トゥー
出口喜和 源烹輪

柴田書店

鶏肉は、肉類の中では非常にポピュラーで、誰もが好む食材であり、生産が安定しているため、比較的安価で出回る非常に使い勝手がよい食材として、小売はもちろん、業務用でも業種を問わず幅広く利用されている。

 また健康志向が強い昨今、鶏肉は脂肪分が比較的少なく低カロリー、良質のたんぱく質が豊富なことで注目を集めている食材でもある。くせが少なく、あっさりとして軟らかい肉質は、最近のライト志向にも合っている。

 そんな鶏肉を使って人気商品を生み出すためには、鶏肉のことをよく知る必要がある。本書は鶏を丸から各部位にさばいて下処理をし、加熱し、一品料理に仕上げるまでの基本工程を詳しく解説して一冊にまとめた。料理指導には、焼き鳥、和食、フランス料理、中華の実力店の料理長にご登場いただき、各方面から鶏料理の魅力を紹介していただいた。

 鶏肉に限らず、魚類や肉類は、適切にさばいて、うまく焼ければ、それでその料理は成功だ、といわれている。さばくことによってその鶏の肉の状態や、各部位の肉質の違いなどがじかに肌でわかる。それを感じたうえで塩加減をし（調味をし）、適切な火力で焼き上げて（加熱して）はじめて、鶏肉のおいしさを100パーセント活かした料理を生みだすことができるのではないだろうか。目で見るだけでなく、実際に肉にさわり、鶏肉の魅力をさらに知るために、本書を役立てていただければさいわいである。

 なお巻末に国内の銘柄鶏一覧を掲載したので、自店に合った鶏肉をさがすさいに参考にしていただきたい。

2005年9月

柴田書店書籍編集部

鶏料理　目次

第1章　鶏のさばき方

- 鶏肉の特徴……8
- 鶏肉各部位について……8
- 鶏の骨格図……9
- 丸のさばき方……10
  - 肉をさばく……10
  - ガラを分ける……16
  - 内臓を分ける……17
- 各部位の下処理……21
  - 内臓の掃除……21
    砂肝…21　ハツ…22　レバー…22
  - ササミの筋抜き……23　・モミジの下処理……23
  - ガラの掃除……24
- 中抜きの下処理……25
  - 鎖骨を取り除く……25
  - 形を整える……26
- 中抜きをさばく……30
  - 四つ落し……30
  - モモ肉を切り分ける……30
  - 骨をつけたままムネ肉を切り分ける……31
  - 骨をつけずにムネ肉を切り分ける［A］……33
  - 骨をつけずにムネ肉を切り分ける［B］……35
- つぼ抜き……36
- 一枚におろす……38
- だし・スープ……40
  - 和風ガラスープ……40
  - 中華風鶏湯……41
  - 鶏のコンソメ……43

第2章　鶏の基本料理

【和】

- 焼き鳥……46
  - 肉の切り方と串の打ち方……47
    かしわ…47　ささみ…48　手羽先…48
    手羽皮…49　つくね…49　皮…50
    せせり…50　ぼんじり…51　はらみ…51
    げんこつ…52　かっぱ…52　レバー…53
    ハツ…53　ハツ元…54　背肝…54
    食道…54　砂肝…55
  - 焼き鳥の焼き方……56
  - 炭の組み方・起こし方……57
  - 焼き鳥・塩、焼き鳥・たれ……58
- 水炊き……59
- 親子丼……60
- そぼろ丼……62
- 鳥スープ……63
- 鶏もも肉の幽庵焼き……64
- ゆで鶏……66
- 鶏わさ山葵醤油和え……68
- 鶏つくねスープ仕立てと照り焼き……70
- 手羽先と大根の煮物……74
- 鶏レバー醤油煮……76

【洋】

- ローストチキン……78
- バロティーヌ……81
- ひな鶏のドミドゥイユ……84

第3章 創作・一品料理

ひな鶏の肉詰め……86
鶏もも肉のコンフィ……88
鶏もも肉のソテー……90
鶏の赤ワイン煮 コックオヴァン……92
胸肉骨つきロースト……94
カツレツ……96
鶏胸肉のポシェ　フォワグラ和え……98

[中]

蒸し鶏の葱生姜ソースがけ……100
骨つき若鶏の唐揚げ……102
丸鶏の香り揚げ香味醤油ソース……104
丸鶏のいぶし焼き……106
鶏もも肉の甘辛煮山東風……108
鶏もも肉の煎り焼き蒸し……110
鶏すり身のおぼろ豆腐スープ……112
鶏すり身の卵白炒め……114
鶏砂肝と鶏レバーの揚げ物……116
鶏心臓とピーナツの辛味炒め……118
鶏足、鶏レバー、鶏胸肉のとろみ煮……120

＊食鳥処理衛生管理者の資格を取得するには……122

[もも]

蒸し鶏ロール……124/127
鶏もも肉の山椒くわ焼き
　ホワイトアスパラ、黒キャベツ添え……124/127

鶏龍田揚げ……125/127
鶏もも肉と帆立貝の胡麻和え……128/130
鶏の揚げ煮……129/130
鶏もものころころ煮……129/131
揚げ鶏と日本南瓜の煮合せ
　牛蒡と菜花、スナップえんどう添え……129/131
クスクス……132/134
もも肉コンフィの軽い煮込み……133/135
煮込んで焼いて……133/135
鶏もも肉のブランケット……136/138
チキンカレー……136/138
唐揚げチキンのサラダ仕立て……137/139
シノア風スープ……137/139
冷製皮蛋の鶏もも巻き……140/142
鶏もも肉の山椒ソースがけ……141/143
鶏もも肉の煮こごり……141/143

[胸]

冷し蒸し鶏　緑酢がけ……144/146
焼き鶏胸肉のフルーツソースがけ……144/146
にんじんのラぺと胸肉薄切り ラムレーズン添え……145/147
大根薄切りと胸肉のマリネ　トリュフ風味……148/150
スフレ……148/150
鶏胸肉のマリネ……148/150
鶏胸肉薄切りと香草サラダ……148/151
鶏の冷製コンソメ……149/151
鶏胸肉のブルーテスープ……149/151
鶏胸肉のソテー バニラ風味のペルノーソース……152/154
鶏胸肉の茶浸し……153/154
鶏肉の冬瓜詰めスープ冷やし……153/154

[ささみ]

青唐辛子と中国パセリ、ゆで胸肉のサラダ……153
鶏胸肉の辛味煎りつけ……155
鶏ささみの茶碗蒸し……156
鶏雑炊……156
ささみ長芋巻き……158
水晶鶏の梅肉和え……159
鶏ささみの叩き身つけ黒胡麻トースト揚げ……160
鶏ささみの黒酢炒め……160
精進野菜と鶏ささみの炒め煮……162
鶏ささみのたたき中国風……163

[挽き肉]

百合根万十煎餅包み……164
鶏そぼろご飯と鶏つくねの赤だし……166
パイ包み焼き……168
鶏のソーセージ……169

[手羽・皮]

手羽先詰め物のロースト……172
鶏皮のかりかり焼きと葉山葵の和え物……172
鶏皮のセロリ煮……174
鶏皮のスモークと野菜の薄焼き玉子焼き……175
鶏手羽の香料酢醤油漬け……176
鶏手羽とレバーの香料だれ煮……178
鶏皮の辛味炒め焼き……179

[内臓]

鶏砂肝とハツの山葵焼き……177
鶏レバー、心臓、砂肝、くるみ、レーズンのラム酒風味……180
鶏とさかの煮こごり……180
砂肝のコンフィと野菜のマセドアヌサラダ……182
砂肝のコンフィともも肉のコンフィ……183
鶏内臓のブルギニオン……183
砂肝の塩漬け……184
砂肝と大根の細切り塩酢和え……184
塩漬け砂肝と西洋菜のサラダ……187
鶏心臓のサクサク揚げフェンネル塩がけ……187
鶏心臓の野菜ソース和え……188
冷製鶏レバーの野菜ソース和え……189
塩漬け韮の鶏レバー包み卵黄まぶし……191
鶏足の老酒煮……192
鶏足の山椒唐辛子ソース和え……193
鶏足の芥子ソース和え……194

第4章 鶏の分類・銘柄鶏一覧

鶏肉の種類と特徴……196
国産銘柄鶏一覧……198

著者紹介……216

ブックデザイン・石山智博
撮影・海老原俊之
編集・佐藤順子

第1章 鶏のさばき方

鶏をさばくことは、鶏を知るための第一歩。おいしい鶏料理をつくるには、鶏を知ることが大事だ。鶏1羽をさばけば、この部位はなぜ肉が軟らかいか、なぜこんなに弾力に富んでいるかが分かる。

一章では、内臓が入った丸鶏をさばき、内臓を分けるまでの手順、また内臓の掃除や血抜きなどの下処理、鶏の形を整えるためのしばり方など、扱い方の基本を解説した。

そして、さまざまな料理に応用できるように、中抜きの鶏を四つ落し、つぼ抜き、一枚におろす方法などを紹介する。さばくさいは、冒頭の骨格図を参考にしていただきたい。

鶏肉の特徴

鶏肉はほかの肉にくらべて鮮度が重視される。それはと鳥後、死後硬直に至る時間とそこから熟成するまでの時間が短いためで（8時間から48時間）、熟成後の変質がおこる前に消費するために、と鳥後の消費期間は短くなる。ただしマイナス1℃で貯蔵すれば数日延長できるし、熟成が終了した段階で急速冷凍すれば長期保存が可能になる。

なお、鶏肉は、熟成を待たず、と鳥直後に解体したり、冷却したり、急速冷凍すると筋肉が硬化する特性をもつので注意したい。

また死後硬直中の肉は保水性が悪いので、これを調理すると肉汁が流出するために旨みがすべて抜けて味がなくなり、かたくなってしまう。熟成度合いを知ることが大事になる。

鶏の旨みを左右するアミノ酸は、イノシン酸で、これはと鳥後8時間から24時間に筋肉中に最も多く存在する（4℃保存下で）。したがってこの間に消費するのが一番おいしいといわれている。

鶏肉各部位について

[もも肉]

手羽と同様よく動かす部位なので、肉質が締まっていて肉の味は濃い。たんぱく質はむね肉に及ばないが、脂質、レチノール、ビタミンA、ナトリウムはむね肉よりも多く含む。日本ではむね肉よりももも肉のほうが好まれ、小売価格も高い。

[むね肉]

たんぱく質に富み、脂肪が少ないため、健康面からにわかに注目を集めている。比較的安価なうえ、淡白でやわらかい肉質なので、料理への応用範囲は広い。ただし脂肪が少なく水分の多い肉質なだけに、加熱しすぎると水分が抜けてパサついた食感になってしまうので、火の通し方には注意したい。

鶏肉は朝びきといわれるように鮮度が命だが、解体前に骨付きのまま冷蔵庫で6〜12時間ほど貯蔵（熟成）させ、その後解体処理を行ない、採取されたむね肉は「熟成むね肉」といわれ、肉が軟らかくなることが知られている。

[ささみ]

むね肉の内側についている笹の葉のような形をした細長い部位で、1羽から2本とれる。たんぱく質はむね肉並に含み、脂質はむね肉よりもさらに少ない。鶏肉のなかでもっとも軟らかく筋が入っているので、必要に応じて抜いてから用いる。

[手羽]

手羽は鶏の翼で、3つの部分から構成されている。むね肉についている部分を手羽元、翼の真中の部分を手羽中、翼の先を手羽先という。これらは関節でつながっており、手羽元と手羽先は一緒につけたまま手羽先として扱うこともある。本書では、それぞれを手羽元、手羽中、手羽先として解説している。いずれも表面の皮が大部分で、脂質、ビタミンAに富む。またゼラチン質も多い。カロリーは高い。

[きも（心臓と肝臓）]

心臓（ハツ）は肝臓（レバー）につながって一緒にきもという名称で売られていることが多い。心臓は歯ごたえのよい肉質が特徴で、周りは薄膜でおおわれているので、膜を外し、半分に切って中に入っている血の塊を洗い、血抜きをしてから使う。心臓は鉄分、ナトリウムを多く含む。内臓の中では一番カロリーが高く含む。肝臓は、加熱しすぎると固く締まってしまうので、火の通し加減が肝心となる。ミネラル分は鶏の部位の中では一番多く含み、ビタミン類ではレチノール、ビタミンA、B群、D、ナイアシンなどが豊富。

[砂肝]

鶏の胃は腺胃と筋胃に分かれている。消化機能をもつ部分が腺胃で、消化した餌をため込む部分が筋胃という。砂肝は、砂嚢つまり筋胃にあたる。色は赤色で、シコシコとした歯ごたえが特徴。銀皮を除いた状態で、鶏の部位ではカルシウムが比較的多く、カロリーは一番低い。

参考資料
鶏肉をおいしく食べるための知識（農学博士駒井亨著／社団法人日本食鳥協会刊

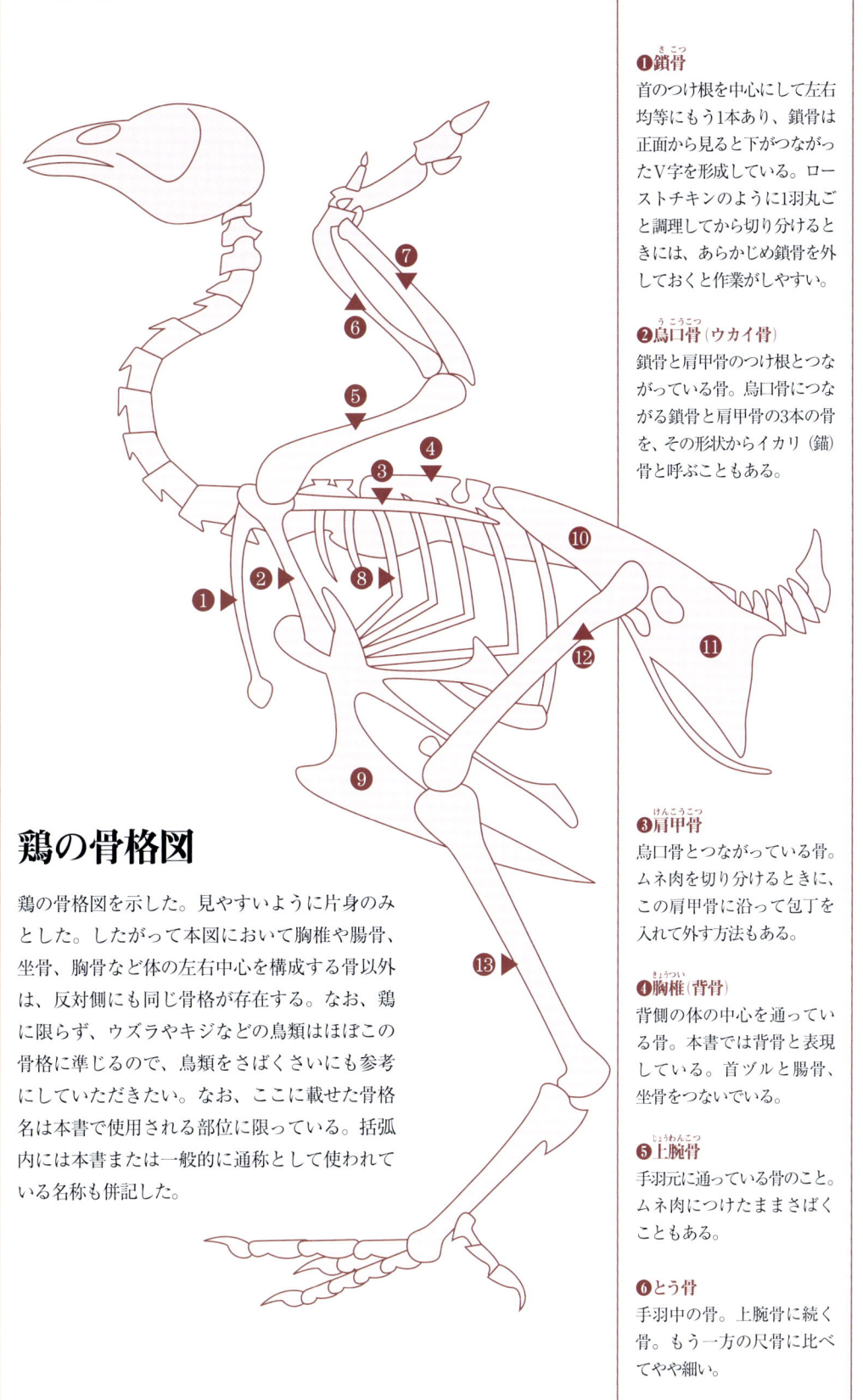

鶏の骨格図

鶏の骨格図を示した。見やすいように片身のみとした。したがって本図において胸椎や腸骨、坐骨、胸骨など体の左右中心を構成する骨以外は、反対側にも同じ骨格が存在する。なお、鶏に限らず、ウズラやキジなどの鳥類はほぼこの骨格に準じるので、鳥類をさばくさいにも参考にしていただきたい。なお、ここに載せた骨格名は本書で使用される部位に限っている。括弧内には本書または一般的に通称として使われている名称も併記した。

❶ 鎖骨（さこつ）
首のつけ根を中心にして左右均等にもう1本あり、鎖骨は正面から見ると下がつながったV字を形成している。ローストチキンのように1羽丸ごと調理してから切り分けるときには、あらかじめ鎖骨を外しておくと作業がしやすい。

❷ 烏口骨（うこうこつ）（ウカイ骨）
鎖骨と肩甲骨のつけ根とつながっている骨。烏口骨につながる鎖骨と肩甲骨の3本の骨を、その形状からイカリ（錨）骨と呼ぶこともある。

❸ 肩甲骨（けんこうこつ）
烏口骨とつながっている骨。ムネ肉を切り分けるときに、この肩甲骨に沿って包丁を入れて外す方法もある。

❹ 胸椎（きょうつい）（背骨）
背側の体の中心を通っている骨。本書では背骨と表現している。首ヅルと腸骨、坐骨をつないでいる。

❺ 上腕骨（じょうわんこつ）
手羽元に通っている骨のこと。ムネ肉につけたままさばくこともある。

❻ とう骨
手羽中の骨。上腕骨に続く骨。もう一方の尺骨に比べてやや細い。

❼ 尺骨（しゃっこつ）
手羽中の骨。上腕骨に続く骨。とう骨に比べて太い。

❽ 肋骨（ろっこつ）（あばら骨）
あばら骨と文中では表現している。内臓を保護している骨。7本の骨が左右両側にある。内臓を包み込むように中間で角度が変わっており、それぞれ名称がついているが、本書ではまとめて肋骨とした。

❾ 胸骨（きょうこつ）
胸骨を中心にしてムネ肉が左右についている。三角形の骨。軟骨で、先の細くてとがった方は軟らかく、焼き鳥ではかっぱ（やげん）として利用する。

❿ 腸骨（ちょうこつ）
背側にある骨で、坐骨とつながっている。モモ肉を切り分けるときなどに腸骨の上に包丁を入れる場合もある。

⓫ 坐骨（ざこつ）（骨盤）
文中では骨盤と表現している。関節を外したモモ肉を切り分けるときに、坐骨に沿って包丁を入れて肉を外していく。

⓬ 大腿骨（だいたいこつ）
モモ元の部分に通っている骨。外したモモ肉を切り開くときには大腿骨から脛骨にかけて両側に包丁を入れて骨を切り取る。

⓭ 脛（脛）骨（けいこつ）
モモの足先に近い部位（ドラムと呼ぶこともある）に通っている骨。外したモモを切り開くときに、両側に包丁を入れる。脛骨のすぐ脇に細い骨が通っている。肉質が違うので、大腿骨と脛骨の関節で切り分けて加熱することもある。

丸のさばき方

(猪股善人)

「丸」とは、内臓を抜いていない、羽と足先（モミジ）のみを取り除いた鶏の仕入れ形態で「と体」「丸と体」などとも呼ばれる。ここでは丸1羽から肉を切り分け、ガラから内臓を抜き、内臓をそれぞれ分けるまでの一般的な手順を紹介する（内臓の可食部は、焼き鳥用の手順で切り分けている）。ただし丸をさばくには、と体処理を行なう資格が必要になる（→122頁）。

肉をさばく

頭と尻を落とす

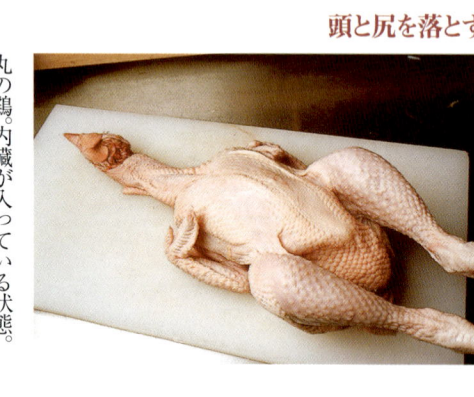

1 ▼▼
丸の鶏。内臓が入っている状態。

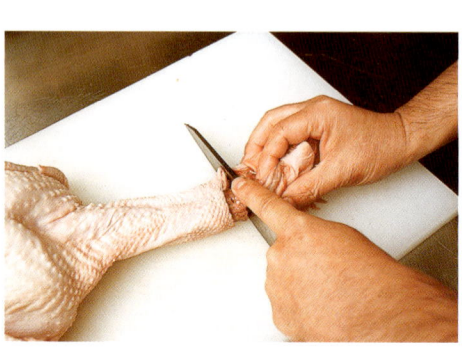

2 ▼▼
まず頭を落とす。

3 ▼▼
次にボン（尻）を切り落とす。
51頁・ぼん→

モモを外す

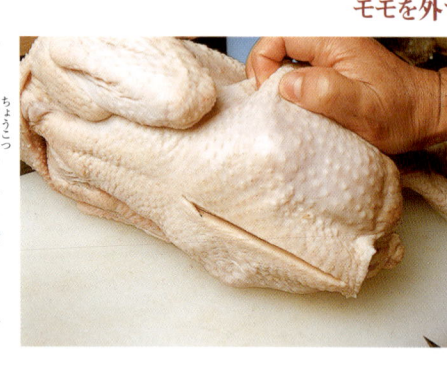

4 ▼▼
背側の腸骨（ちょうこつ）の上に包丁目を入れる（モモ肉を外すため）。

5 ▼▼
ムネ側を上に向け、両モモのつけ根の皮を切る。

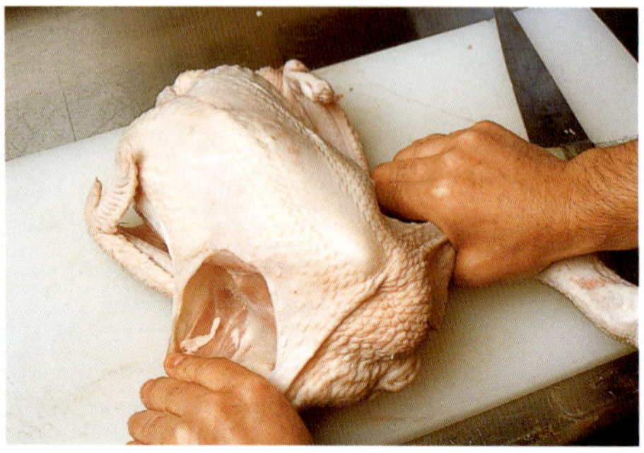

6 ▼▼
両手で両モモをしっかり持つ。

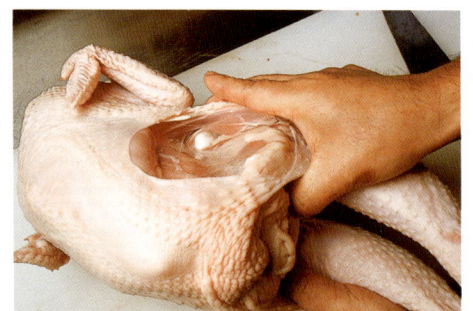

7 ▼▼
モモを外側に折り曲げて関節を外す。

＊猪股氏は包丁使いが左利きであるため、右利きの方にとって左右が逆になる場面があります。

10

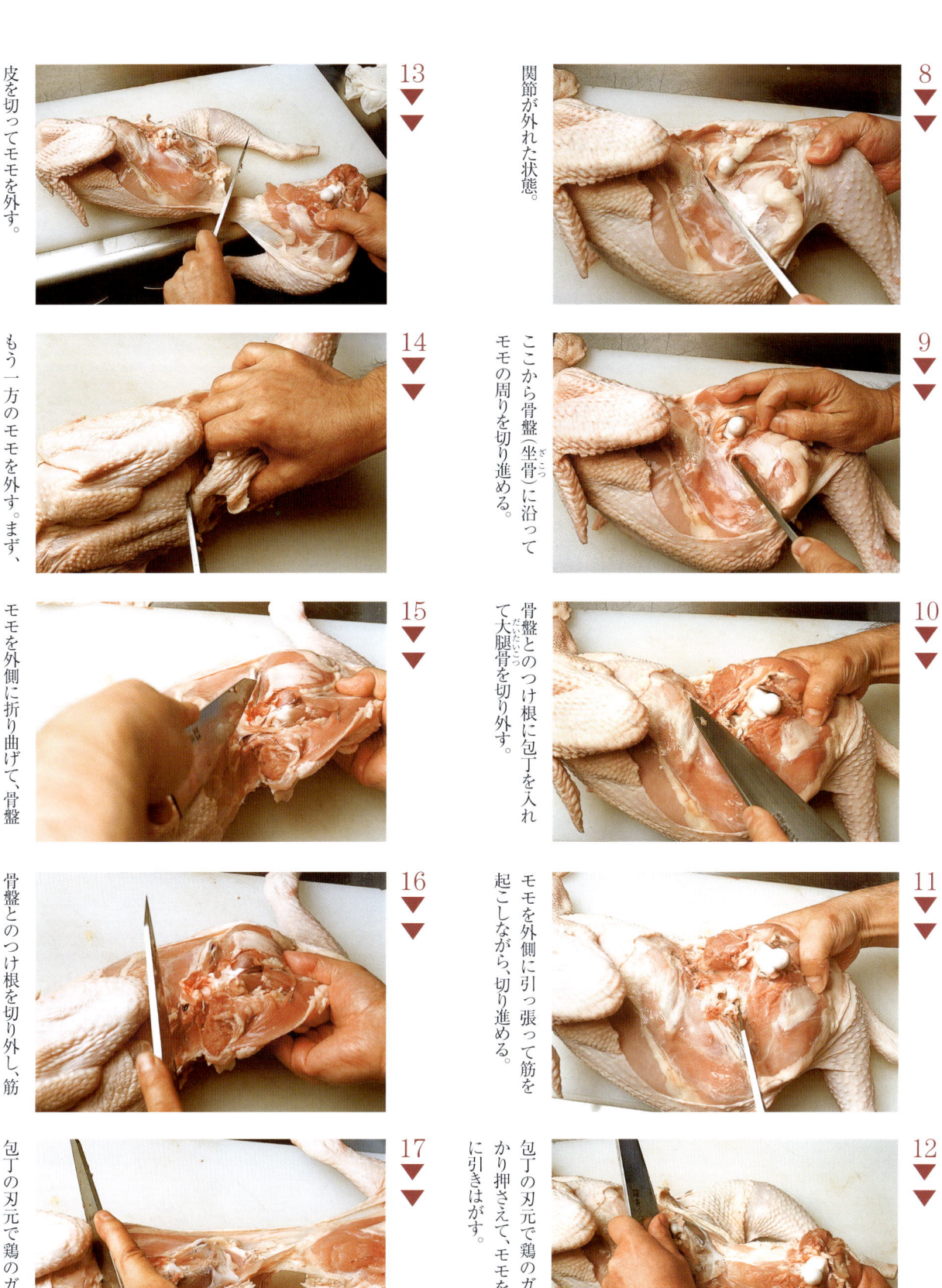

8 ▼▼ 関節が外れた状態。

9 ▼▼ ここから骨盤(坐骨)に沿ってモモの周りを切り進める。

10 ▼▼ 骨盤とのつけ根に包丁を入れて大腿骨を切り外す。

11 ▼▼ モモを外側に引っ張って筋を起こしながら、切り進める。

12 ▼▼ 包丁の刃元で鶏のガラをしっかり押さえて、モモを手で手前に引きはがす。

13 ▼▼ 皮を切ってモモを外す。

14 ▼▼ もう一方のモモを外す。まず、背側の皮を切っておく。

15 ▼▼ モモを外側に折り曲げて、骨盤に沿ってモモの周りを切り進める。

16 ▼▼ 骨盤とのつけ根を切り外し、筋を起こしながら切り進める。

17 ▼▼ 包丁の刃元で鶏のガラをしっかり押さえて、モモを手で手前に引きはがす。

ムネ肉とササミを外す

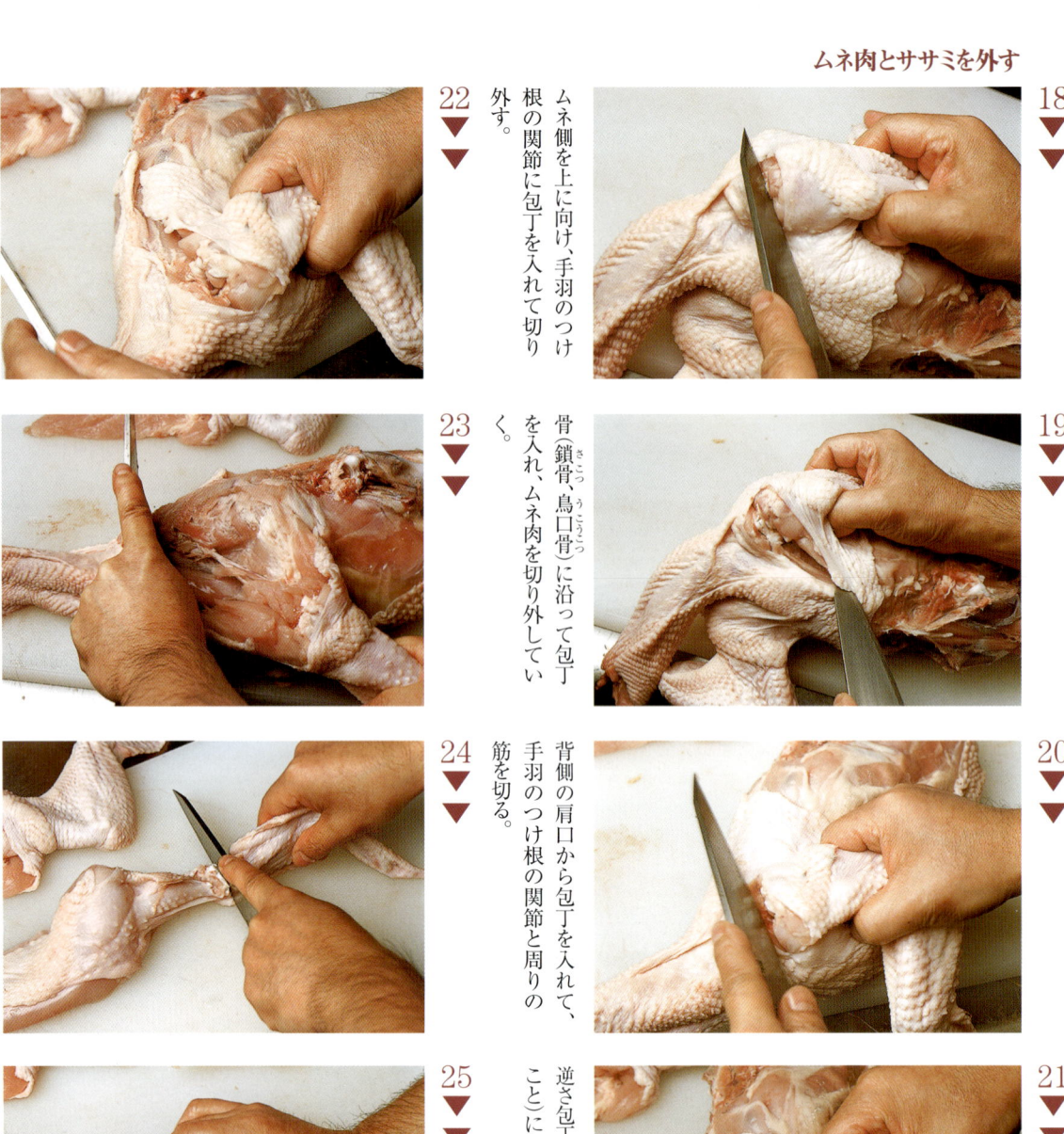

18 ムネ側を上に向け、手羽のつけ根の関節に包丁を入れて切り外す。

19 骨(鎖骨(さこつ)、烏口骨(うこうこつ))に沿って包丁を入れ、ムネ肉を切り外していく。

20 背側の肩口から包丁を入れて、手羽のつけ根の関節と周りの筋を切る。

21 逆さ包丁(刃を上に向けて切ること)にして背側の皮を切る。

22 包丁で手羽の周りに切り目を入れた状態。

23 首のつけ根あたりを包丁の刃元でしっかりと押さえて、手羽を引っ張ってムネ肉を外す。もう一方も同じように外す。

24 手羽中の関節の部分に包丁を入れて切り外す。

25 皮を下に向け、ムネ肉から手羽元を切り外す。

モモから骨を取り除く

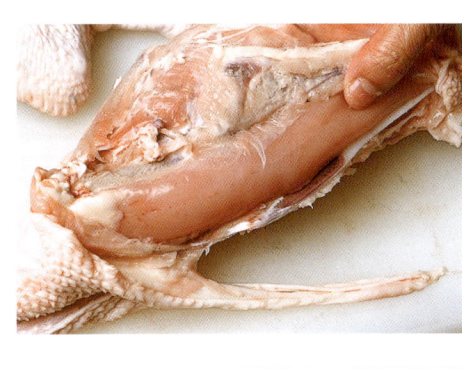
26 ▼▼

残ったガラからササミを取り出す。写真はガラに残ったササミ。

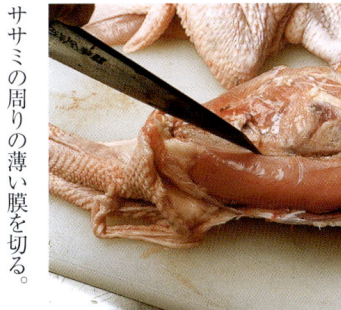
27 ▼▼

ササミの周りの薄い膜を切る。

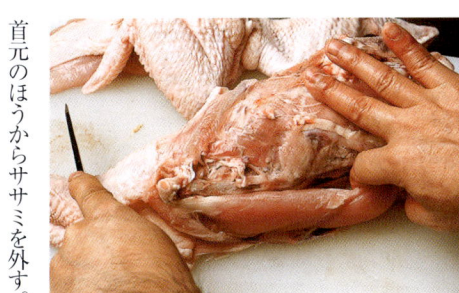
28 ▼▼

首元のほうからササミを外す。

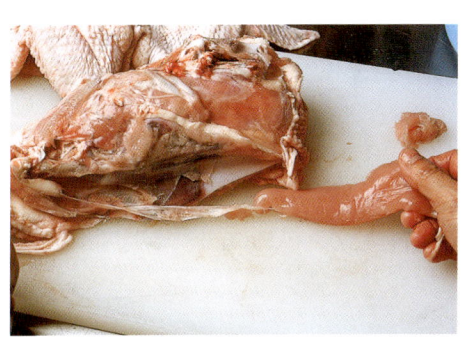
29 ▼▼

取り出したササミ。もう一方のササミも同様にして取り出す。

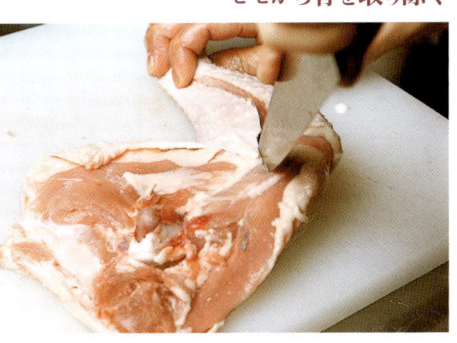
30 ▼▼

外モモを下にして置き、足先からモモの骨（脛骨(けいこつ)）の内側に沿って包丁を入れる。包丁は立てて切っ先で切る。

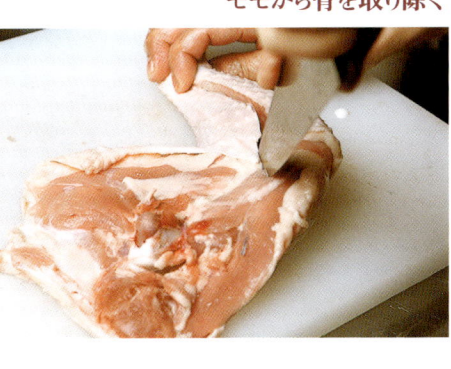
31 ▼▼

関節の周りの筋を切り、骨（大腿骨）の内側に沿ってさらに切り進める。

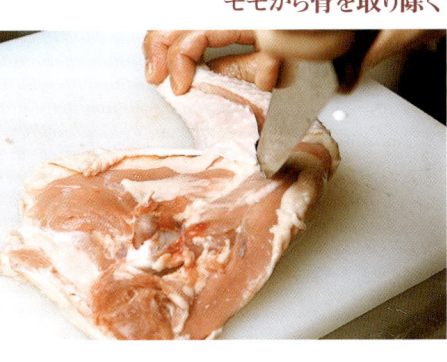
32 ▼▼

モモのつけ根まで切り進める。骨の片側がむき出しになった。

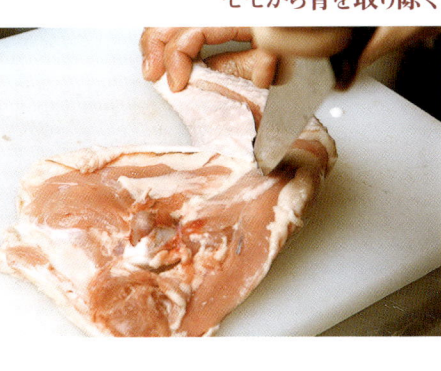
33 ▼▼

同じ要領で、脛骨の外側に沿って包丁を入れる。

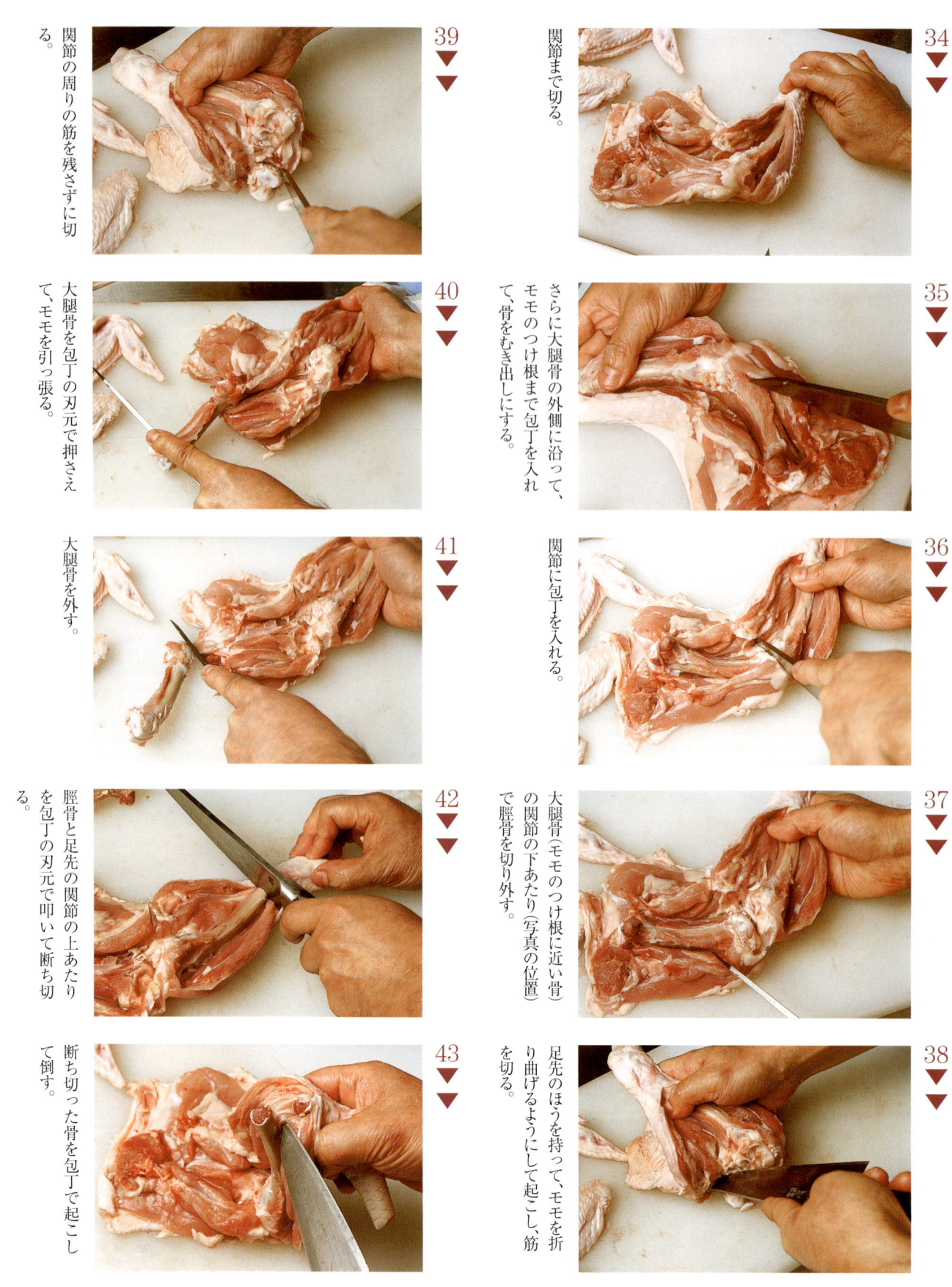

44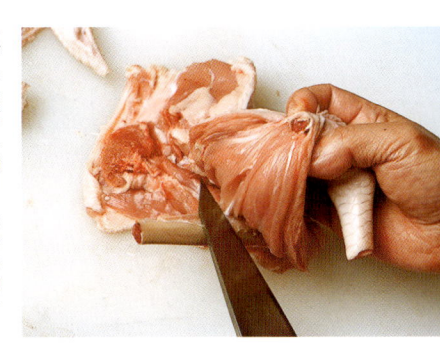

包丁で脛骨を押さえ、モモ肉を引っ張る。

45

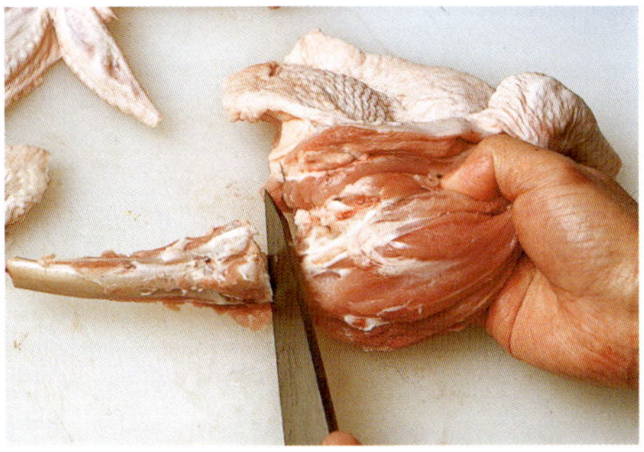

脛骨を切り外す。

46

42で断ち切ったさいに残った足先を切り取る。もう一方のモモも同様にして骨を取り除く。

47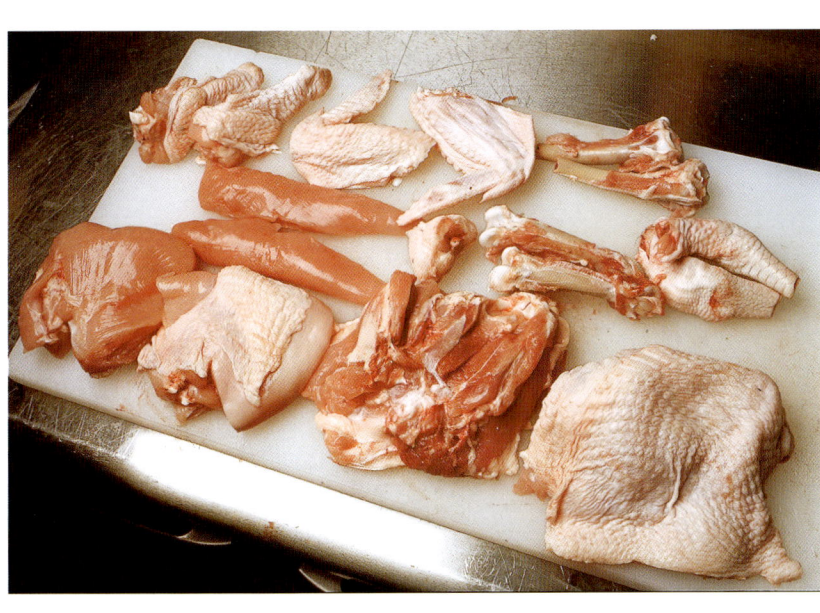

さばいた鶏。手前右からモモ肉2枚（表と裏）、ムネ肉2枚（表と裏）、向う右から足先2本、モモの骨4本（大腿骨2本、脛骨2本）ボン1個、ササミ2本、手羽先（手羽先と手羽中）2本、手羽元2本。

ガラを分ける

1
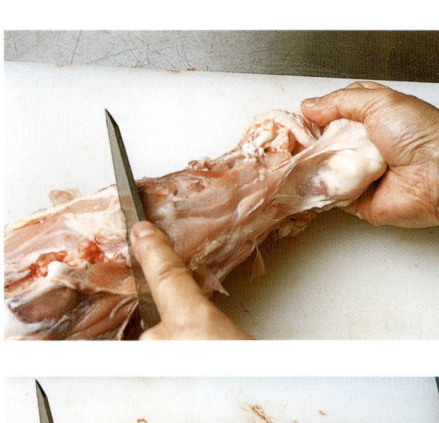
包丁の刃元でガラをしっかり押さえて、背側の皮を手で引っ張る。

2
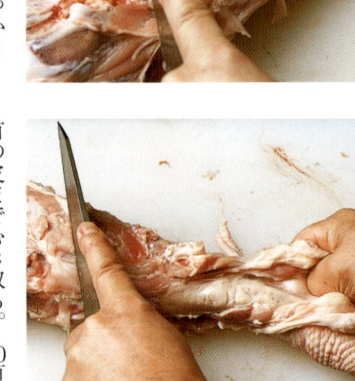
首の皮までむき取る。→50頁・皮

3

肩甲骨（けんこうこつ）の一方を起こすようにして包丁を入れてつけ根まで外す。

4
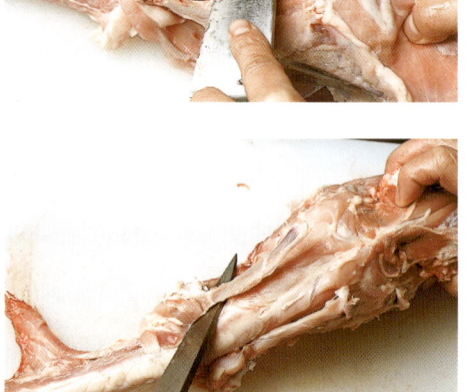
もう一方にも包丁を入れて同様に外す。

5
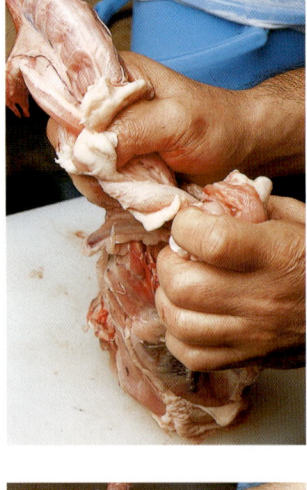
片手で肩甲骨のつけ根とムネ側のガラを押さえ、もう一方の手で首ヅルを持って引っ張る。

6
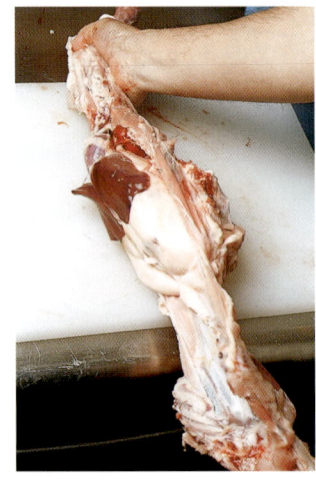
ムネ側のガラを外す。写真下がムネ側のガラ。

7
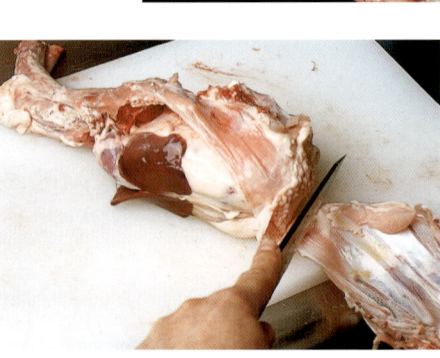
ムネ側のガラを切り外す。

8

背側のガラの首ヅルの周りの薄膜を切り外し、首ヅルを包丁で押さえて、食道を外していく。

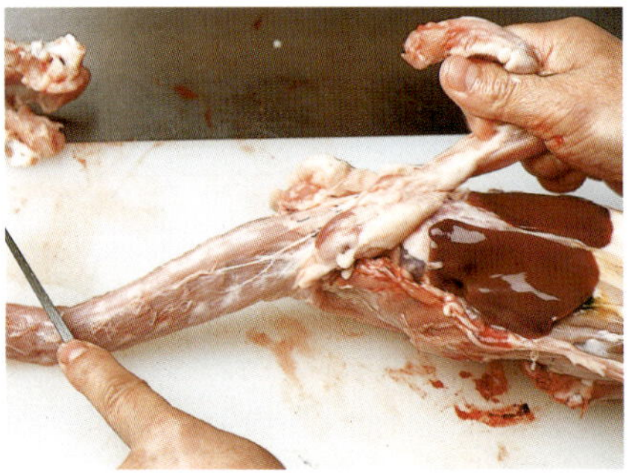

内臓を分ける

1 ▼▼ 食道を切らずに続けて内臓まで引っ張る。

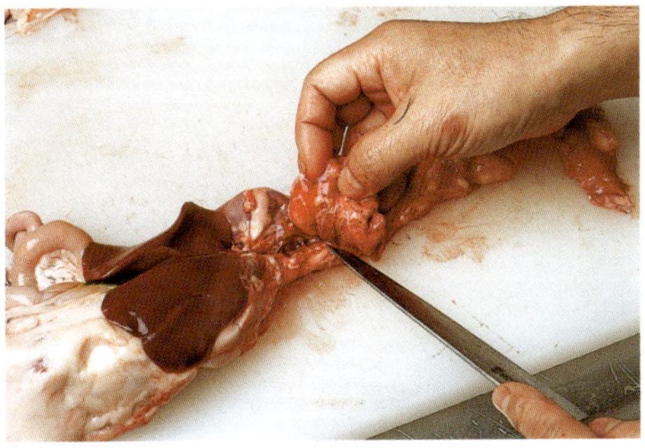

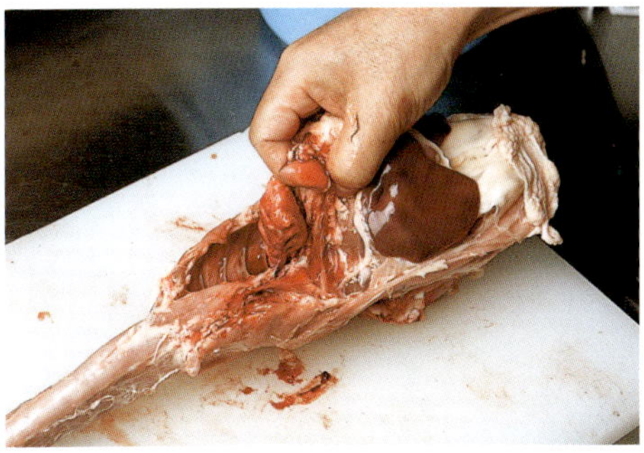

2 ▼▼ 内臓もつなげて一緒に外す。

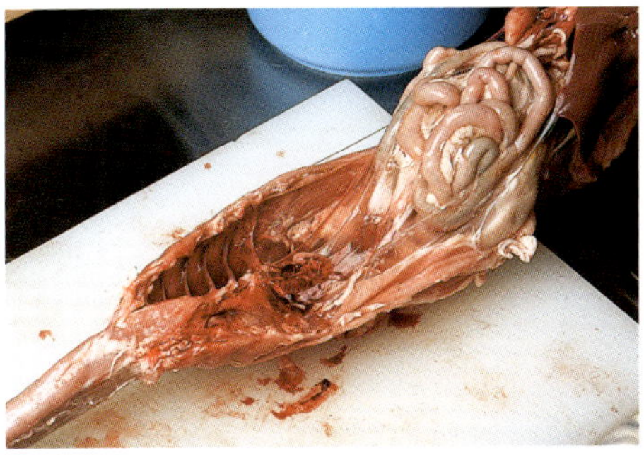

3 ▼▼ 腸を傷つけないようにして、端で切り落とす。

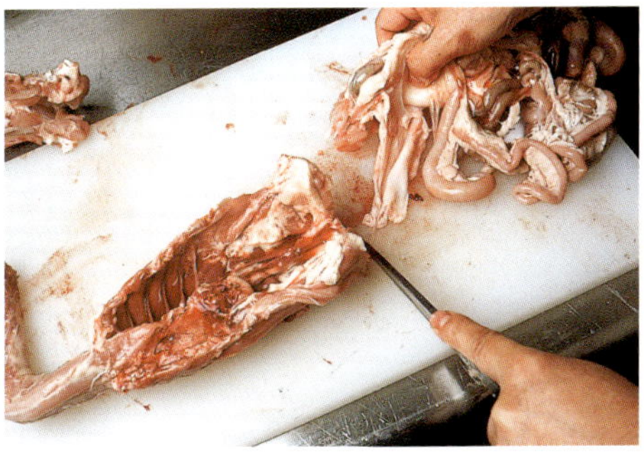

1 ▼▼ レバー（肝臓）から肺を切り外す。

2 ▼▼ 片側のレバーを持ち上げて周りの薄膜を切り外す。

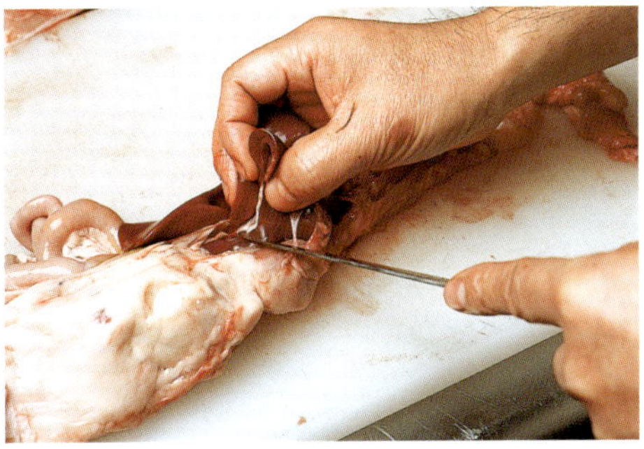

3 ▼▼ もう一方も同様に外し、レバー全体を持ち上げて切り外す。

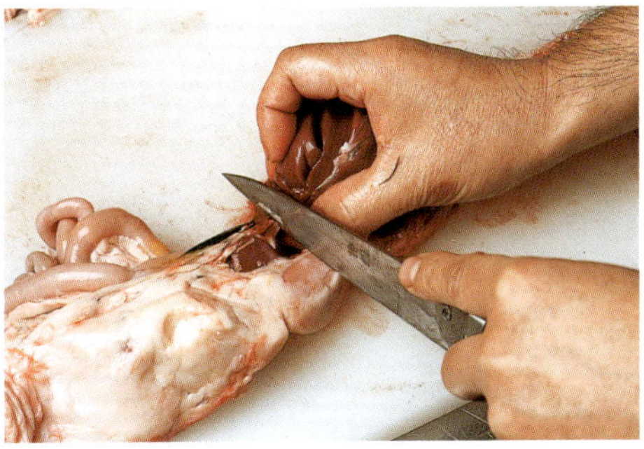

12 ▲

手前から内臓、皮、写真奥の右は背側のガラ、左はムネ側のガラ。

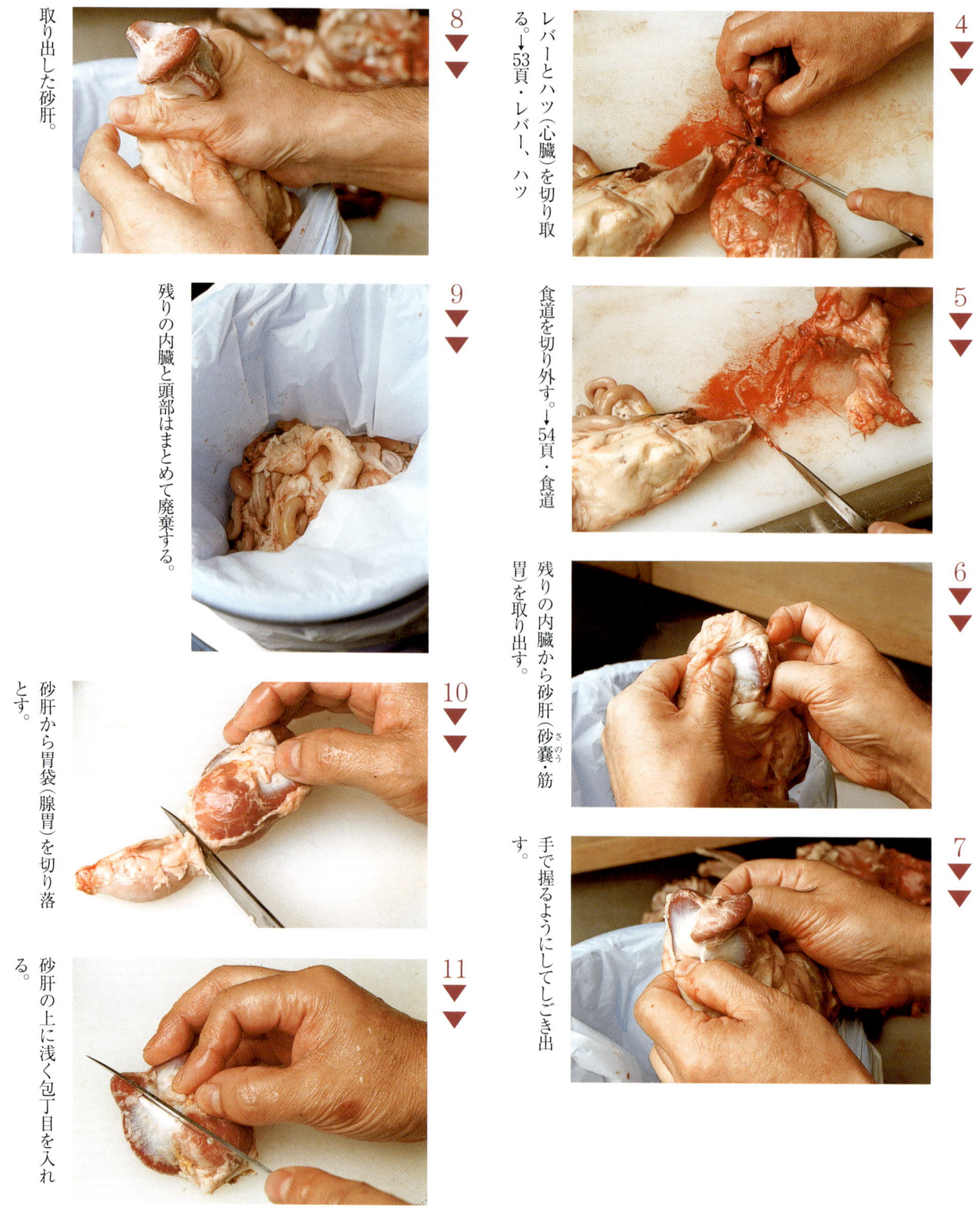

4 ▼▼ レバーとハツ（心臓）を切り取る。→53頁・レバー、ハツ

5 ▼▼ 食道を切り外す。→54頁・食道

6 ▼▼ 残りの内臓から砂肝（砂嚢・筋胃）を取り出す。

7 ▼▼ 手で握るようにしてしごき出す。

8 ▼▼ 取り出した砂肝。

9 ▼▼ 残りの内臓と頭部はまとめて廃棄する。

10 ▼▼ 砂肝から胃袋（腺胃）を切り落とす。

11 ▼▼ 砂肝の上に浅く包丁目を入れる。

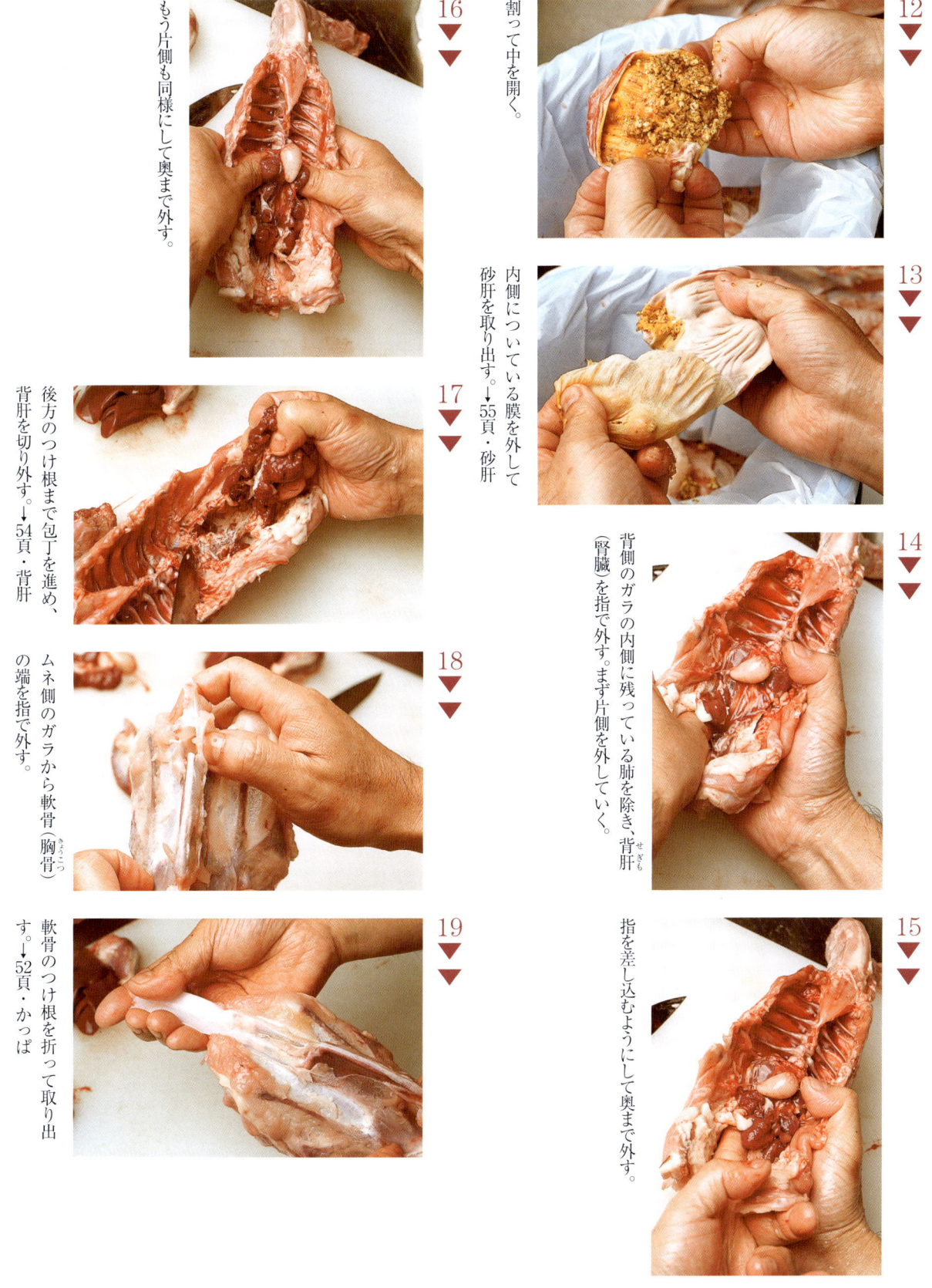

12 ▼ 割って中を開く。

13 ▼ 内側についている膜を外して砂肝を取り出す。→55頁・砂肝

14 ▼ 背側のガラの内側に残っている肺を除き、背肝（腎臓）を指で外す。まず片側を外していく。

15 ▼ 指を差し込むようにして奥まで外す。

16 ▼ もう片側も同様にして奥まで外す。

17 ▼ 後方のつけ根まで包丁を進め、背肝を切り外す。→54頁・背肝

18 ▼ ムネ側のガラから軟骨（胸骨）の端を指で外す。

19 ▼ 軟骨のつけ根を折って取り出す。→52頁・かっぱ

▼20

背側のガラの首のつけ根の肉と骨の境に包丁を入れる(両側に)。

▼21

肉を持ち上げて引っ張りながら、包丁で切り外していく。→50頁・せせり

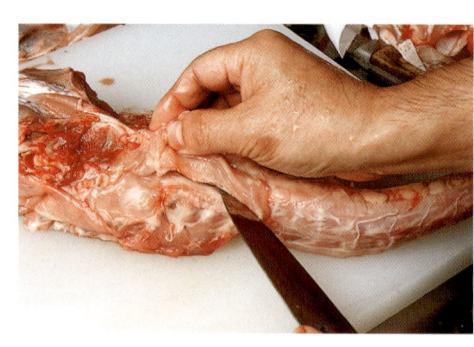
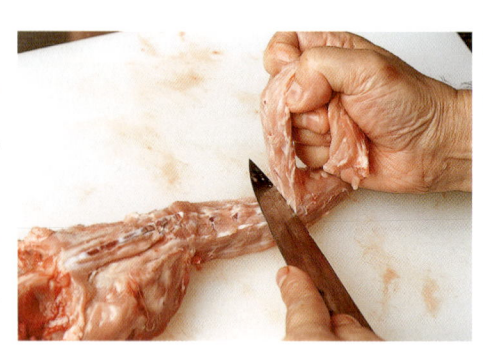

▼22

背側のガラのハラミを切り外す。まず逆さ包丁でハラミを切り外す。背側のガラのハラミ(薄い部分の肉)の端を切り外す。

▼23

この切り目から包丁を進めてハラミを切り外す。→51頁・はらみ

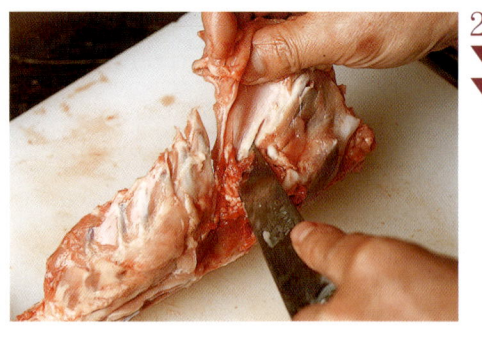
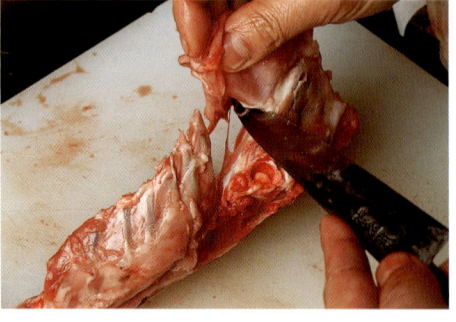

▼24

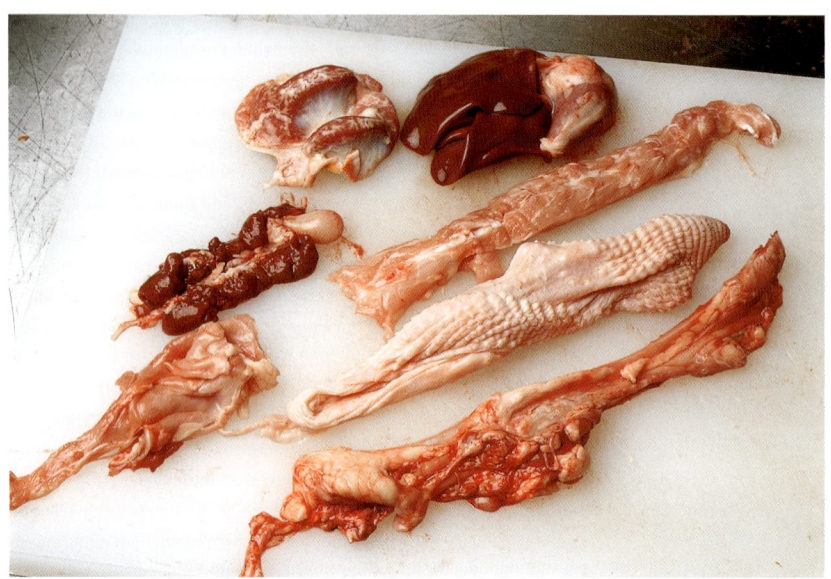

切り分けた可食部の内臓。右上から下に、レバーとハツ、セセリ(首の肉)、皮、食道。左上から砂肝、背肝、ハラミ。

各部位の下処理

内臓などの一般的な血抜きや切り方などを解説する。用いる料理によって切り方などは変わることもある。

内臓の掃除

砂肝（猪股善人）

砂囊のこと。コリコリとした食感が特徴。銀皮（まわりの薄膜）をそぎ取って用いる。ここでは4つに取る手順を紹介したが、大きい形で使いたいときは、こぶ状の山を半分に切らずに2つ取ることもできる。

1

ラクダのこぶ状の山を半分に切り分ける。焼き鳥に使用する場合、この切断面が串の表側になる。

2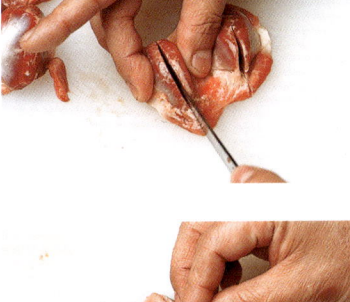

外側のこぶの側面の銀皮を包丁でそぎ取る。

3

真中部分のこぶは裏返して、銀皮をそぎ取る。

4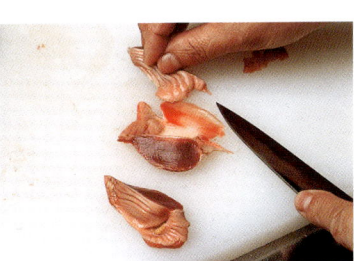

真中からは2つ取れる。

5

銀皮をそいで掃除した砂肝。1羽から4つ取れる。

ハツ（出口喜和）

心臓のこと。中に血の塊が入っているので、縦に割り、洗って用いる。肉質の特性から味が乗りにくいので、中国料理などの炒め物などの場合は、切り目などを入れて用いることもある。

▼1

ハツのつけ根を切り落とす。

▼2

縦に包丁を入れる。

▼3

切り開いたら端の脂を切り外す。

▲4
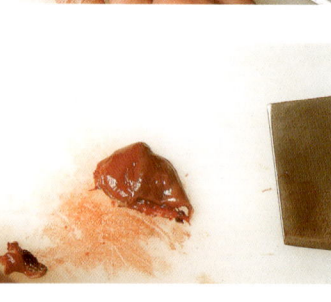
水洗いする。

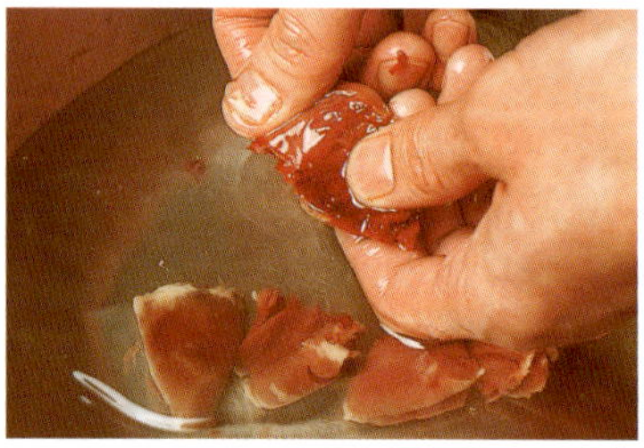

レバー（江﨑新太郎）

肝臓のこと。チョウチョウの羽の形のように2つの部分からつながっている部位なので、水分が多い部位なので、火を入れすぎるとパサパサになって肉がかたく締まるという特徴がある。

▼1
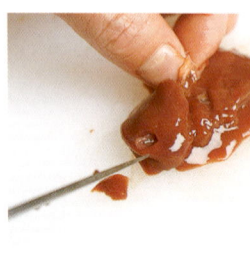
レバーを半分に切る。

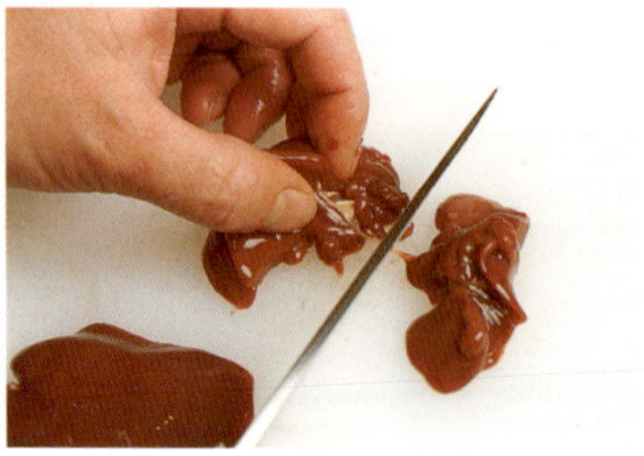

▼2

表面に浅く包丁目を数本入れて筋を取り除く。

▼3
筋を除いたレバー。

▼4
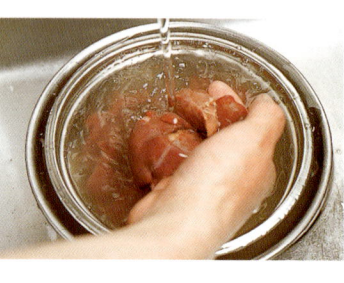
流水にさらして血抜きをする。

▲5

表面の薄膜をはぎ取る。

ササミの筋抜き（猪股善人）

ムネ肉の内側に2本ついている細長い部位。ササミには太い筋が1本通っているので、これを取り除く。脂肪分が少なく、ムネ肉よりも軟らかい。霜降りやたたきのようにさっと表面を加熱して中はレアのまま食べることもある。

1 ▼

ササミ。

2 ▼

中に通っている筋に沿って、浅い包丁目を入れて逆さ包丁で外す。

3 ▼

筋を持ち上げて切り外す。

モミジの下処理（出口喜和）

モミジは鶏の足のこと。その形からこう呼ばれている。中国料理でよく使われる部位で、加熱するとゼラチン質になり、とろとろに軟らかくなる。骨ごと料理に使う場合もあるが、ここでは、ゆでてから骨を抜くまでの工程までを解説する。中国料理の下処理として紹介するので、ゆでるときに加える香味野菜と酒は、中国料理に準じたものを使用した。料理によって下ゆでの材料を変えるとよい。また、スープのかわりに熱湯でゆでてもよい。

1 ▼

モミジ。

2 ▼

足先の鋭い爪をハサミで切り落とす。

3 ▼

スープまたは湯を沸かし、酒を入れて、②のモミジを入れて下ゆでする。ピンと張ったら取り出す。

4 ▼

スープまたは湯を新たに沸かし、モミジを入れて長ネギのぶつ切りとショウガの薄切り、赤唐辛子、花椒、老酒を入れて煮る。沸いたら中火にして落し蓋をして1時間ほど煮る。

5 ▼

モミジを取り出し、上向きにして、骨に沿って包丁目を入れて、骨に沿って包丁目を入れて、そこから関節ごとに骨を抜く。

6 ▼

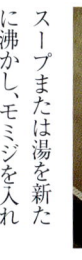

モミジ（右）と抜き取った骨（左）。

ガラの掃除 〈谷 昇〉

スープやだしをとるときのガラのさばき方。骨の髄から旨みが出てくるので、骨を小さく切って断面を多くつくる。

1 ▼▼

鎖骨を外し、あばら骨（肋骨）の真ん中の関節に包丁を入れる。

2 ▼▼

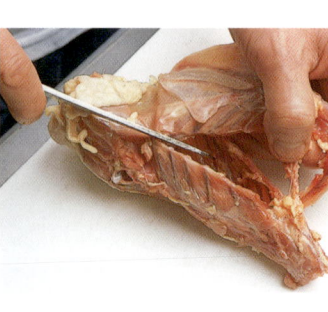

反対側のあばら骨にも包丁を入れる。

3 ▼▼

包丁の刃元で押さえてムネ側のガラを引っ張って外す。

4 ▼▼

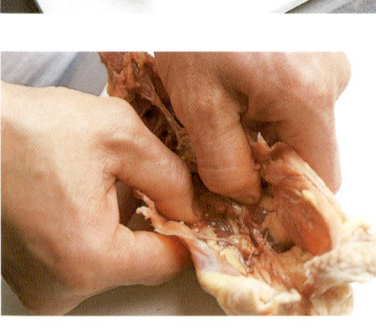

背側の骨についている背肝（腎臓）を手で外す。脂は残す。

5 ▼▼

2つに切り分けたガラ。

6 ▲

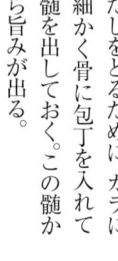

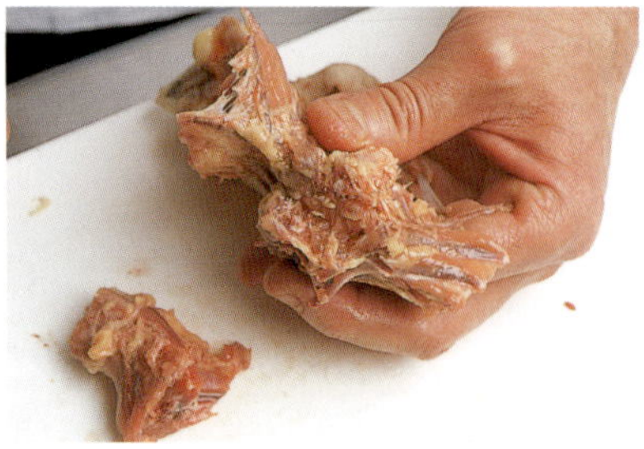

だしをとるために、ガラに細かく骨に包丁を入れて髄を出しておく。この髄からら旨みが出る。

中抜きの下処理 （谷 昇）

「中抜き」とは、羽、頭、内臓を除いてあり、解体していない1羽のままの鶏の仕込みの形態のこと。首ヅルはついているものと、切ってあるものがある。ここでは、鶏を1羽丸ごと調理するときの下処理として糸などを使って成形する作業と、基本的な中抜きの鶏のさばき方を解説する。

鎖骨を取り除く

首のつけ根のV字形の骨は鎖骨（さこつ）（仏語でフルシェット）という。丸のままローストなどの調理を行なう場合、最初に鎖骨を外しておくと、焼き上げたあとなどに、肉を切り分ける作業がしやすい。鎖骨を除く前に、首ヅルがついているときは、背側から首皮に包丁を入れて首を切っておく。また羽などが残っていたらきれいに抜いておく。

▼1

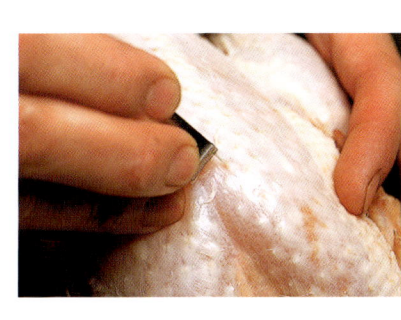

▼2

羽などが残っている場合は、取り除く。

▼3

ムネ側を上に向け、首のつけ根の皮を開くとV字が見える。

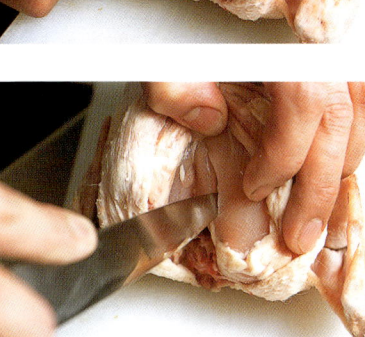

▼4

Vの右辺の外側に包丁の先を入れて鎖骨に沿って切る。内側にも同様に包丁の先を入れて骨に沿って切る。

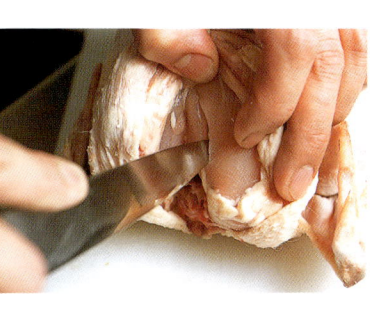

▼5

左辺も骨の外側と内側に包丁の先を入れて、鎖骨に沿って肉を切る。

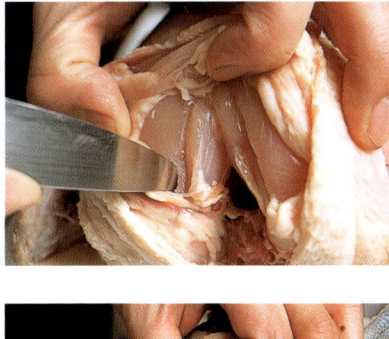

▼6

Vの頂点の軟骨をむき出しにする。

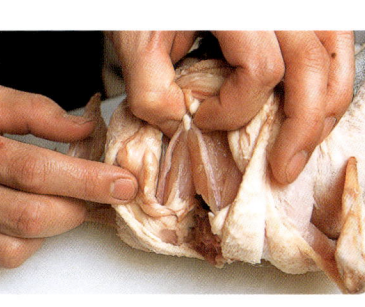

▼7

鎖骨の先を包丁で切り外す。

▼8

包丁の切っ先で鎖骨を引っ掛ける。

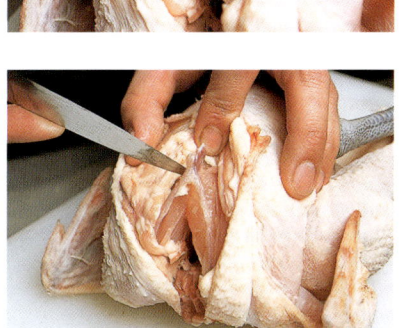

▼9

外側に倒して骨を外す。

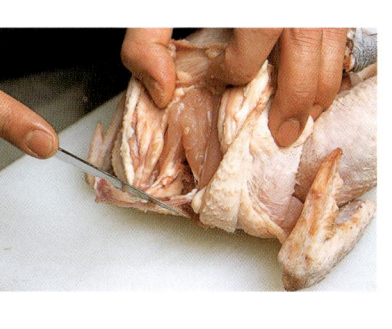

形を整える

鶏に限らず、鳥類を丸のままローストしたりゆでる場合は、形よく仕上げるためにタコ糸などの丈夫な糸と長くて太めのロースト用の針を使って鶏を縫って形を固定する。鎖骨は外しておく。

串を使う

一般的には糸で縫う手法が知られているが、ここで紹介する2本の串をモモと手羽に刺して肉を止める方法は、簡単で応用範囲が広いので実用面からは優れている。

1 ▼
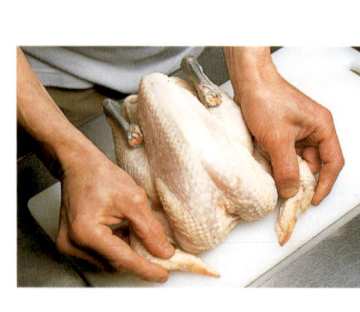

2 ▼
手羽を折り込んだ状態。

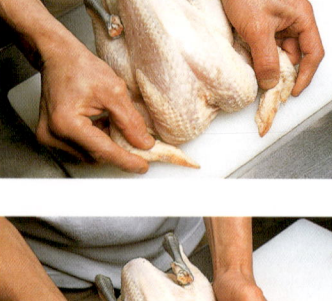

3 ▼
背側から見た首ヅルの皮と手羽。

ムネ側を上に向け、首ヅルの皮を広げて背側にぴったりと折り曲げておく。まず手羽を背側に折り込む。

4 ▼

ムネ側を上に戻し、ボンを中に押し込んでおく。

5 ▼
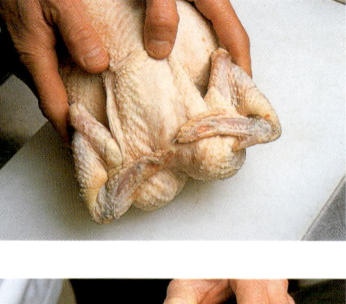
モモに通っている2本の骨と骨の間に串を刺す。

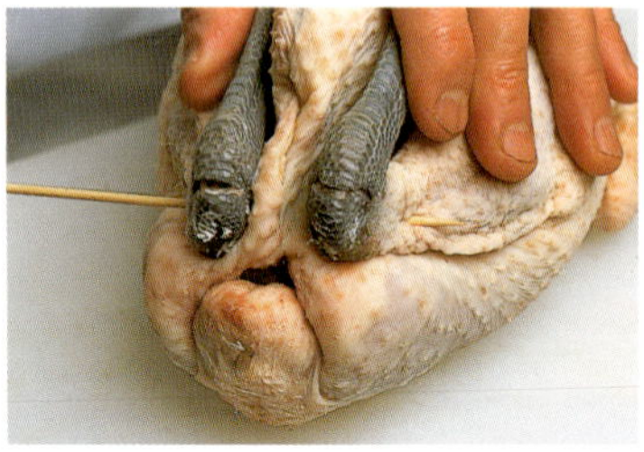

6 ▼
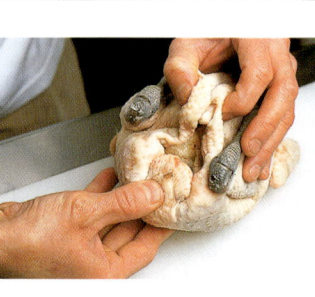
腹の皮を縫って、もう一方のモモの骨と骨の間に串を刺して通す。

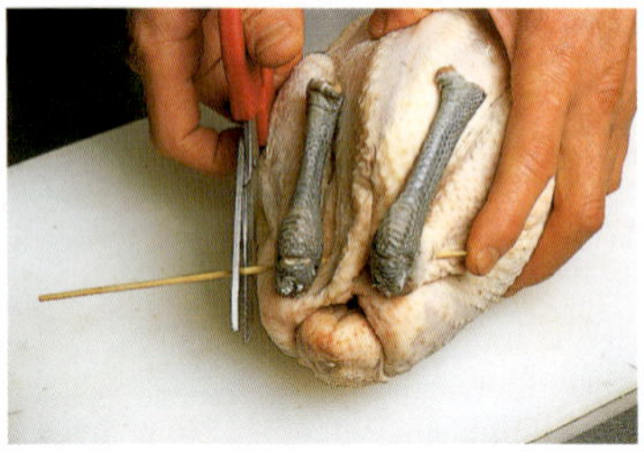

7 ▼
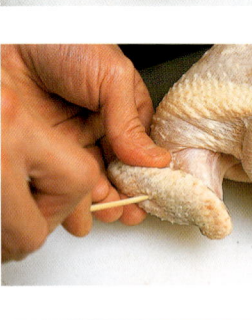
適当な長さに串を切る。

8 ▼
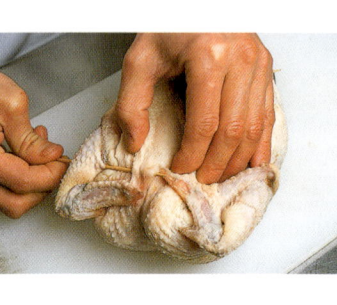
手羽中に通っている2本の骨と骨の間にもう1本串を刺す。

9 ▼
背側を上に向け、首ヅルの皮と背側の肉を数回縫って留める。

10 ▲

もう一方の手羽中の骨と骨の間に串を刺して通す。串が長ければ適当に切る。

糸を使う

針を使わずに、タコ糸のみをかけて鶏を固定させる方法。糸は適当な長さに切っておくと作業がしやすい。前頁の串を使う4までの作業は共通。

▼▼ 1

ムネ側を上に向け、糸の真中あたりをモモの足先の関節にかける。

▼▼ 2

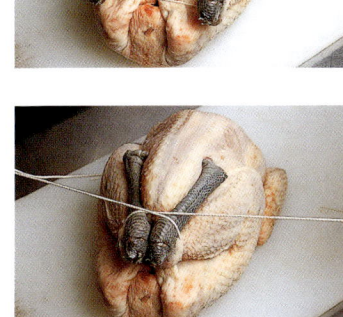

糸をクロスさせて締める。

▼▼ 3

胸骨(きょうこつ)の下からモモに沿って糸をまわす。

▼▼ 4

3を横から見たところ。

▼▼ 5

モモに沿ってしっかりと糸をまわして(写真)、背側を上に向ける。

▼▼ 6

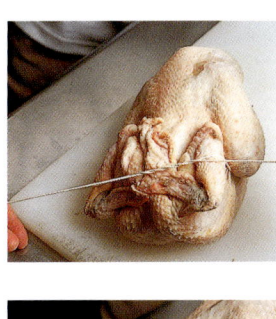

手羽と首ヅルの皮の上に糸をまわして、糸を2重以上くぐらせて結び目をつくる。

▼▼ 7

写真のように肉のあるところでしっかり締めて結び目をつくると、加熱後も糸がゆるまない。

▼▼ 8

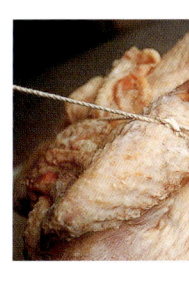

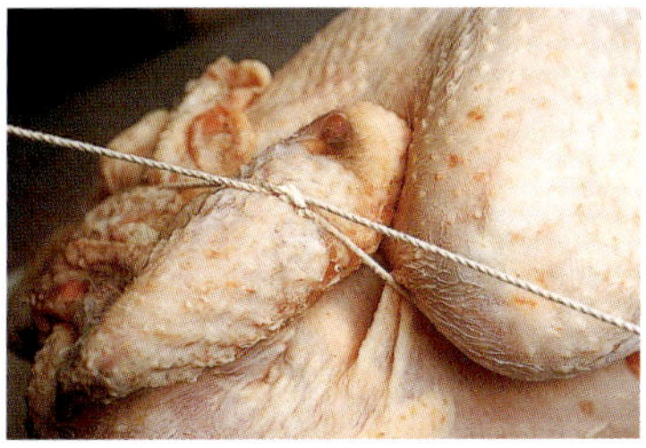

しっかりとしばる。

▼▲ 9

糸をかけて形を整えた鶏。

糸と針を使う

ロースト用の針と1本のタコ糸で、肉を縫いながら形を固定させる方法。糸は針から外れないように端をしっかりと結んでおく。26頁の串を使う2までの作業は共通。

1 ▼▼

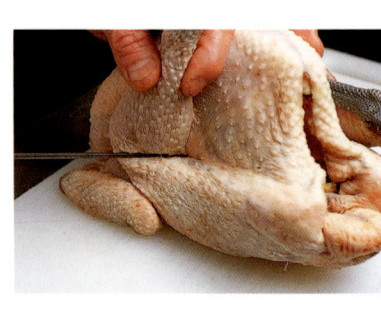

ムネ側を上に向け、モモをのばしてモモの関節の内側に針を刺してムネ肉を通し、対角線の位置、骨盤（坐骨）の上に針を出す。

2 ▼▼

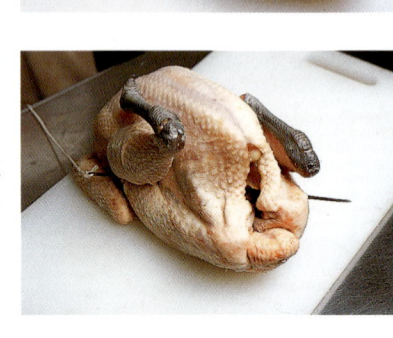

針を通した状態。ここに糸を通していく。糸の端は10cmほど残しておく。

3 ▼▼

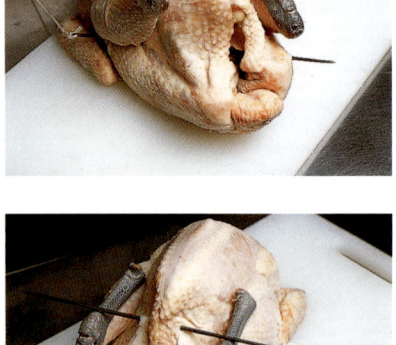

次に足の上に糸をかけて尻の皮（胸骨が終わるあたり）に針を通す。

4 ▼▼

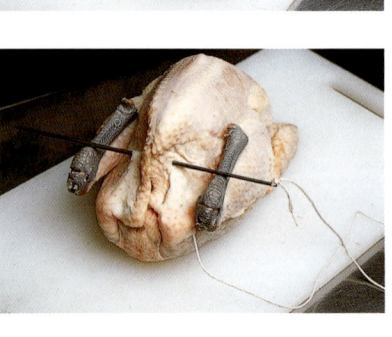

糸を通して締める。

5 ▼▼

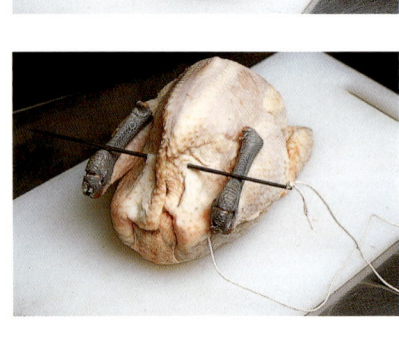

足の上に糸をかけ、骨盤（坐骨）の上から針を刺し、ムネ肉を通してモモの内側から針を出す。1と左右対称に針を通す。

6 ▼▼

ボンボンを内側に押し込んで、しっかりと糸を締める。

7 ▼▼

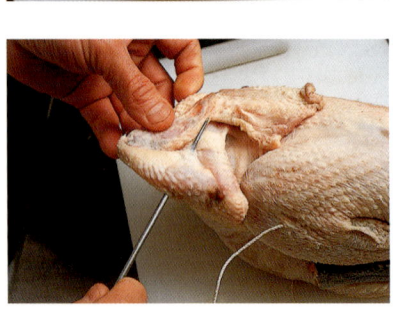

背側を上に向け、手羽中の2本の骨の間に、外側から針を通す。

8 ▼▼

次に手羽先の皮の部分に針を通す。

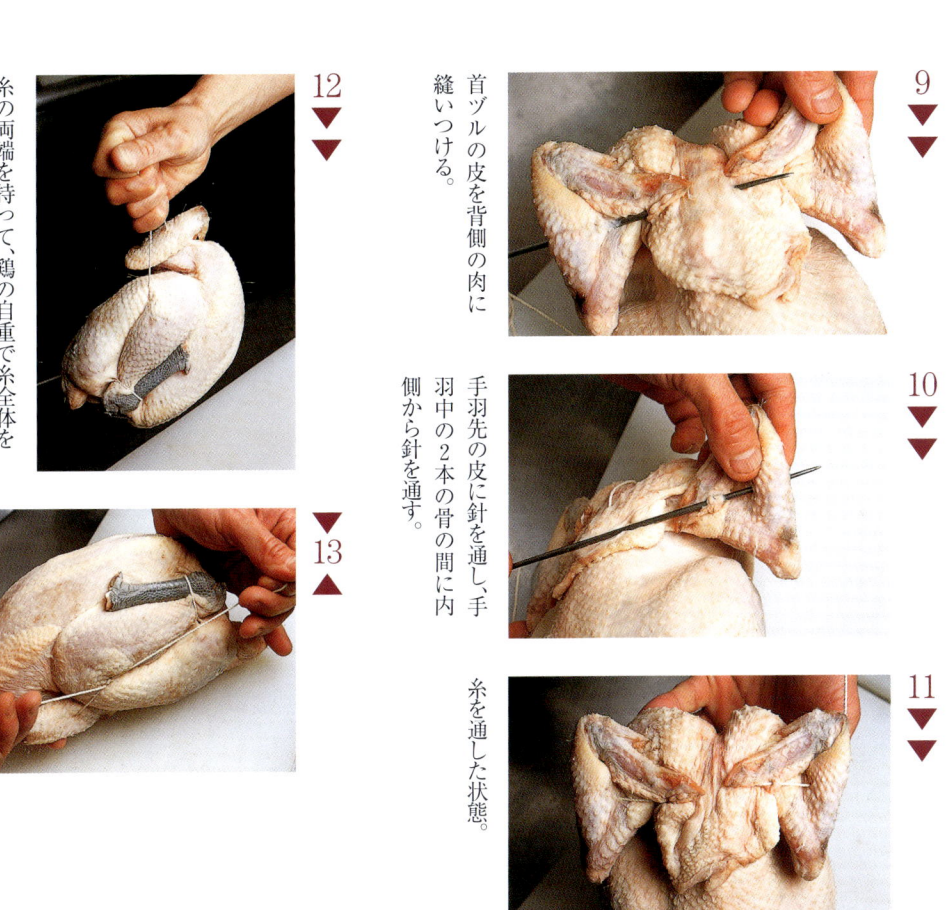

9 ▼ 首ヅルの皮を背側の肉に縫いつける。

10 ▼ 手羽先の皮に針を通し、手羽中の2本の骨の間に内側から針を通す。

11 ▼ 糸を通した状態。

12 ▼ 糸の両端を持って、鶏の自重で糸全体を締める。決して力ずくで無理に締めてはいけない。

13 ▲ 糸を2重がけして、肉のあるところでしばる。

中抜きをさばく 〈谷 昇〉

四つ落し

中抜きの鶏をモモ肉2枚とムネ肉2枚に切り分けるさばき方〈四つ落し〉を紹介する。用途によってムネ肉を骨つきのまま さばく方法と、骨をつけずにさばく方法を使い分ける。骨つきのほうが焼き物などの場合、肉の縮みが少なくボリューム感が出せるという利点もある。

モモ肉を切り分ける

1 ムネ側を上に向け、手羽先を切り落とす。皮は必要ないので、できるだけ手羽先につけるようにする。

2 関節に包丁を入れ手羽先を切る。

3 ムネ皮を指で寄せてつまみ、ムネに皮をできるだけ残すようにする。

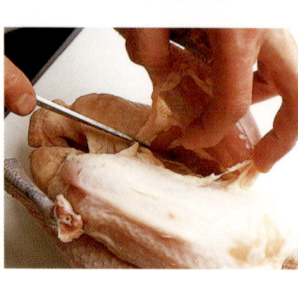

4 皮を寄せたらモモの付け根の内側の皮のみに包丁を入れる。

5 もう一方のモモの内側も同様にして皮を切る。

6 背側に切り目を入れておく。

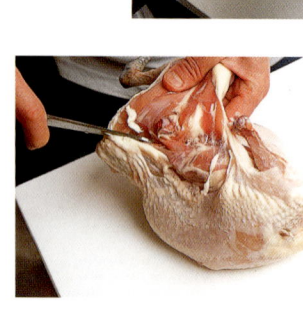

7 モモを手で外側に倒すようにして関節を外し、尻のほうに向かって包丁を入れて切り進める。

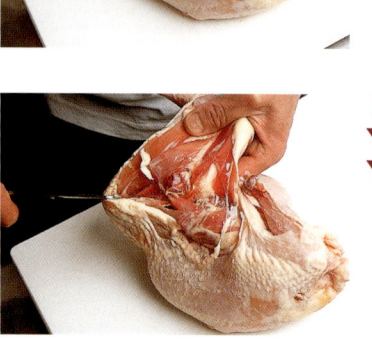

8 片手でモモを開きながら、骨盤(坐骨)に沿って尻のほうにさらに包丁を進める。

▼ 9

骨盤から外した状態。関節に向かって包丁を入れ、筋(じん帯)を切る。

▼ 10
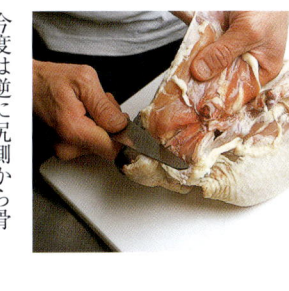
関節を通過したら背骨に向かって包丁を入れ、皮を形よく整えて切り取る。

▼ 11
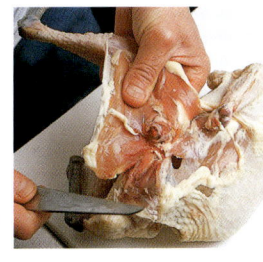
ソリレスを骨盤の上のくぼみ(腸骨(ちょうこつ))から外し、皮を形よく整えて切り取る。

▼ 12
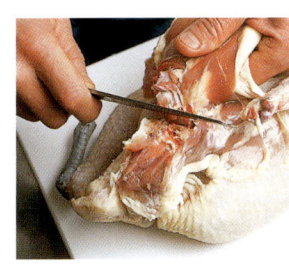
もう一方も同要領。手でモモを外側に倒すようにして関節を外し、モモを片手で起こしながら、尻側から骨盤に沿って包丁で切り進める。

▼ 13
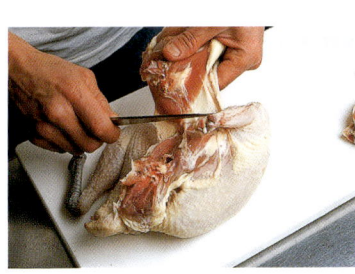
関節を通過したら背骨に向かって包丁を入れ、筋(じん帯)を切り、ソリレスを切り外す。

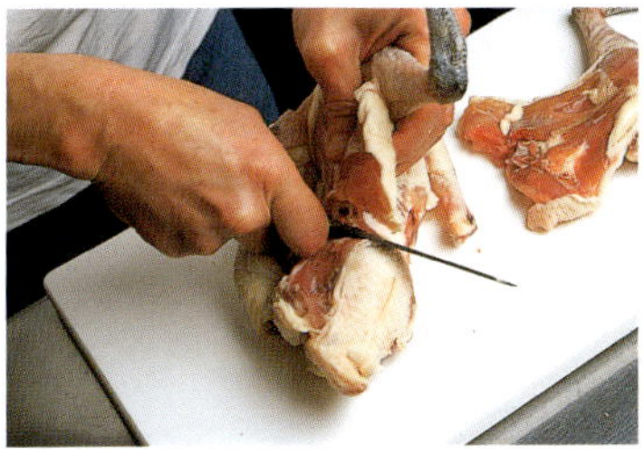

▼ 14

今度は逆に尻側から骨盤に沿って包丁を入れてモモを切り外していく。

▼ 15

形よく皮を切って外す。

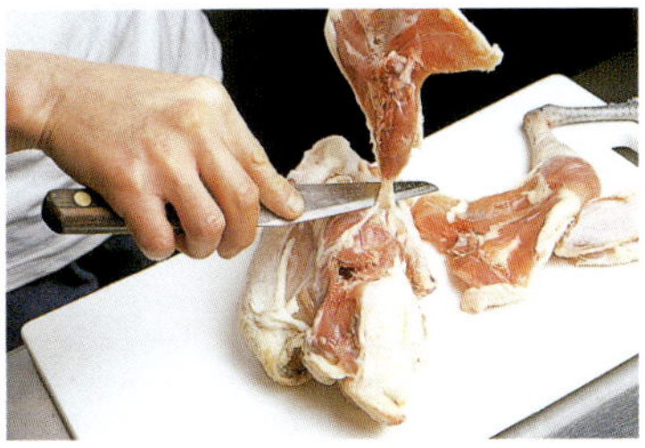

▼ 16

外した2本のモモ。

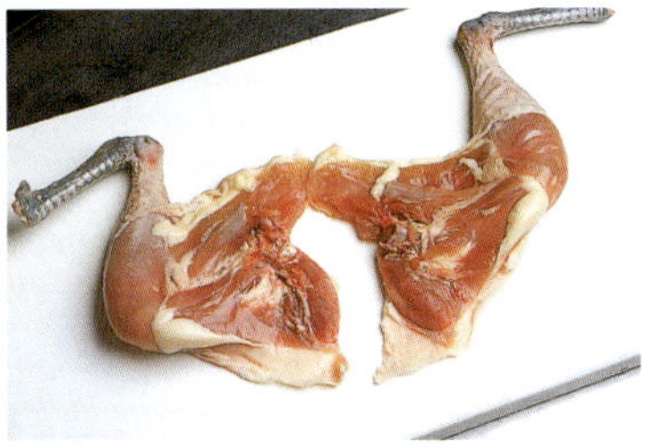

▼ 17 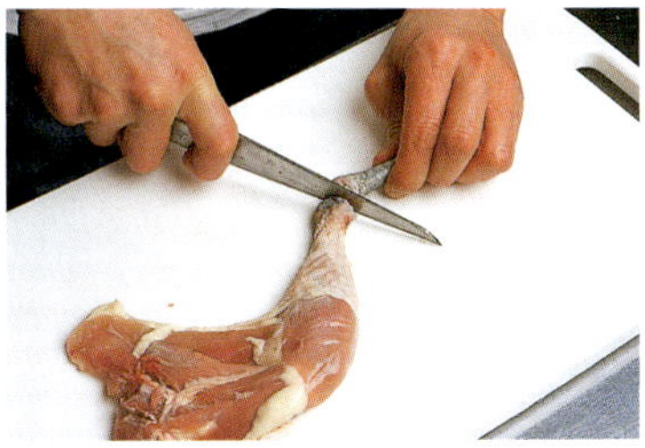
モモから足を切り落とす。

骨をつけたままムネ肉を切り分ける

▼ 18

ムネ側を上に向け、尻ぎりぎりのところで、皮を逆さ包丁で切る。

▼ 19
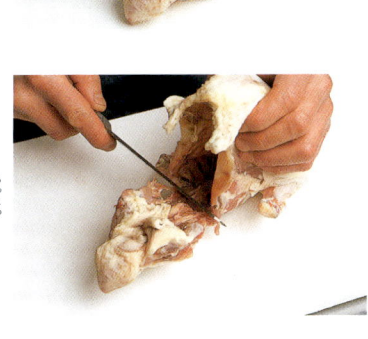
あばら骨(肋骨(ろっこつ))のつけ根まで包丁を入れて切る。

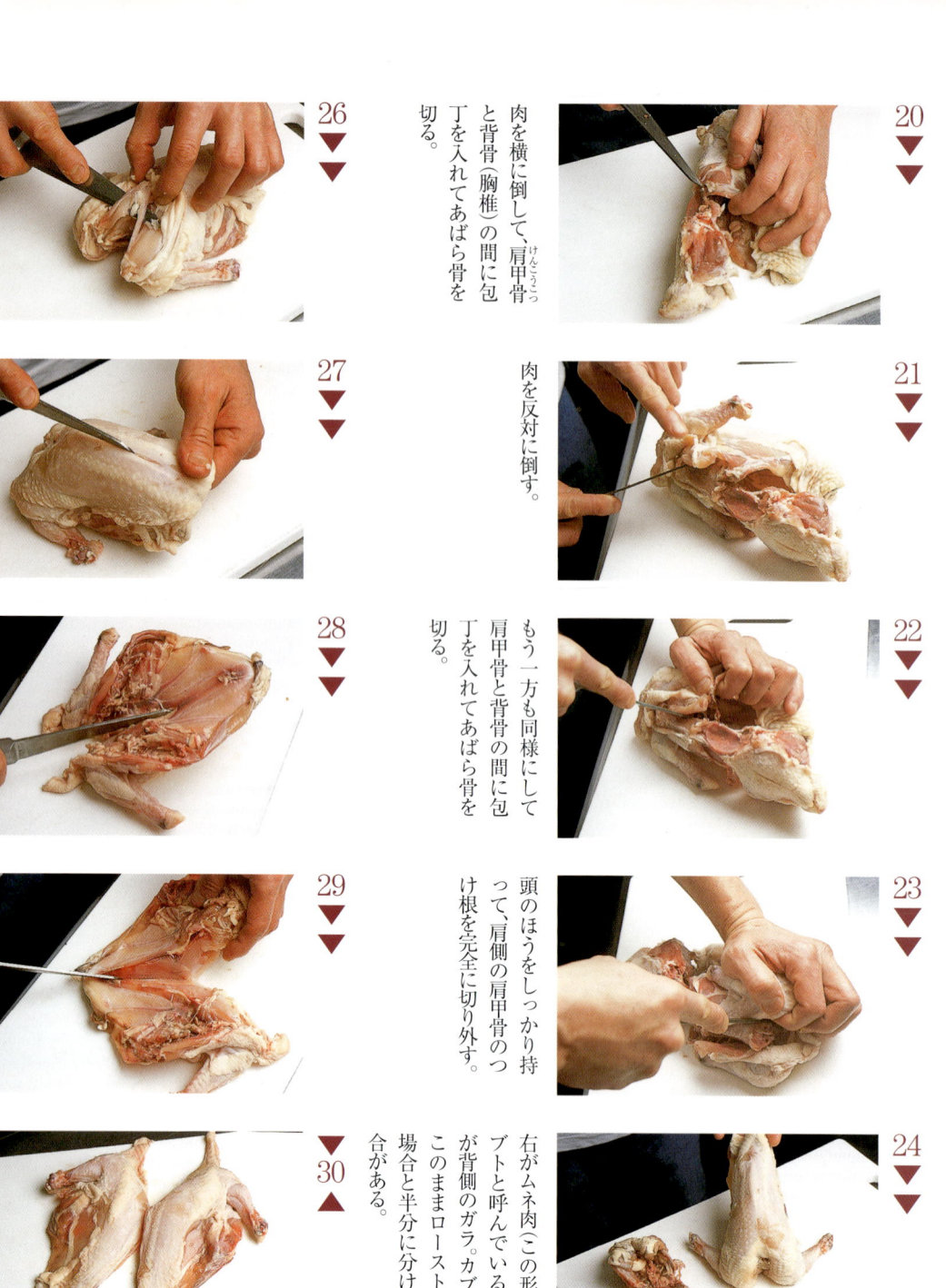

20 ▼ 肉を横に倒して、肩甲骨と背骨(胸椎)の間に包丁を入れてあばら骨を切る。

21 ▼ 肉を反対に倒す。

22 ▼ もう一方も同様にして肩甲骨と背骨の間に包丁を入れてあばら骨を切る。

23 ▼ 頭のほうをしっかり持って、肩側の肩甲骨のつけ根を完全に切り外す。

24 ▼ 右がムネ肉(この形をカブトと呼んでいる)。左が背側のガラ。カブトはこのままローストする場合と半分に分ける場合がある。

25 ▼ カブトを半分に切る手順を解説する。まず手羽近くにあるV字型の鎖骨を外す(→25頁)。V字の内側と外側に包丁を入れて鎖骨をむき出しにする。

26 ▼ 包丁の先を差し込んで鎖骨を起こして外す。

27 ▼ 皮をピンと張らせて、胸骨に沿って皮のみを切る。

28 ▼ 肉の内側を上に向け、頭のほうから胸骨のつけ根まで切る。

29 ▼ 肉の前後を置きかえて、胸骨を半分に切る。

30 ▲ 切り分けたムネ肉。これでモモ2枚、ムネ2枚の4枚に切り分けた。四つ落しの完了。

骨をつけずにムネ肉を切り分ける[A]

モモ肉を切り分けるところまで（31頁17まで）は共通。

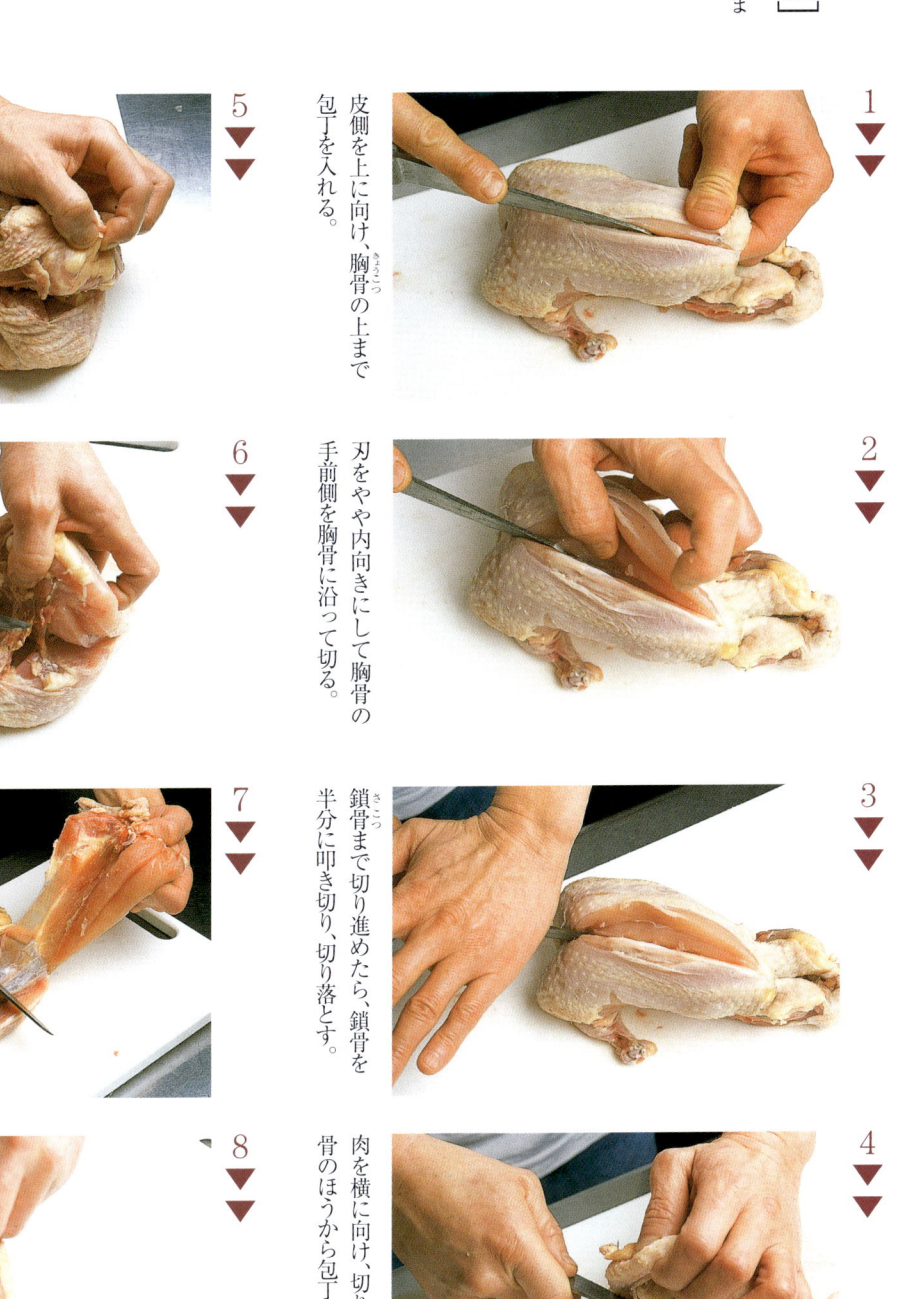

1 ▼▼
皮側を上に向け、胸骨の上まで包丁を入れる。

2 ▼▼
刃をやや内向きにして胸骨の手前側を胸骨に沿って切る。

3 ▼▼
鎖骨まで切り進めたら、鎖骨を半分に叩き切り、切り落とす。

4 ▼▼
肉を横に向け、切り落とした鎖骨のほうから包丁を入れる。

5 ▼▼
肩甲骨の内側に沿って切り進める。

6 ▼▼
ムネ肉を起こして手羽元の関節を外し、関節の周りの筋などを切る。

7 ▼▼
包丁の刃元でガラを押さえて、ムネ肉を引っ張って外す。

8 ▼▼
手羽元の関節近くにある、鎖骨と烏口骨とつながっている肩甲骨を切り外す。

9 ▼ 肩甲骨と烏口骨と鎖骨（1本）を手羽元の関節から外す。この3本の骨をその形からイカリ骨と呼ぶ。

10 ▼ 左がムネ肉（手羽つき）。右が外したイカリ骨（左から肩甲骨、烏口骨、鎖骨）。

11 ▼ ササミを外す。逆さ包丁でササミのつけ根を切って、傷つけないようにササミを切り外す。

12 ▼ ササミの筋を抜く。筋を指でさぐり、逆さ包丁で筋の端を切る。

13 ▼ 筋の端をしっかりと押さえて、刃を外に向けて筋を切り外していく。

14 ▼ できるだけムネに肉を残すようにして手羽を切り外す。

15 ▼ ムネ肉を繊維が交差するところで2枚に切り分ける。筋を探るように包丁を入れて筋をむき出しにする。

16 ▼ 薄膜のような筋の端を逆さ包丁で外す。

17 ▼ 筋を薄くそぎ取る。

18 ▲ 2枚に切り分けたムネ肉とササミ。反対側のムネ肉も2〜17に準じて切り分ける。

骨をつけずにムネ肉を切り分ける[B]

ササミを胸骨に残したままムネ肉のみを取り出す方法。写真はすでにムネ肉を1枚切り分けた状態から、残りの1枚を切り分ける手順を追う。

1▼▼ 胸骨に沿ってササミの手前まで包丁を入れる。

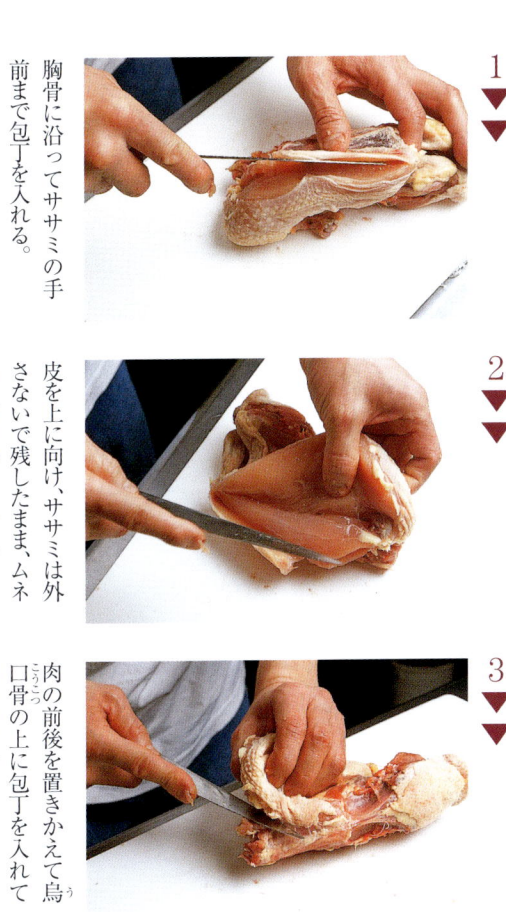

2▼▼ 皮を上に向け、ササミは外さないで残したまま、ムネ肉を切り外していく。

3▼▼ 肉の前後を置きかえて烏口骨(ここつ)の上に包丁を入れてムネ肉を外していく。

4▼▼ 片手でムネ肉を起こしながら切り外す。

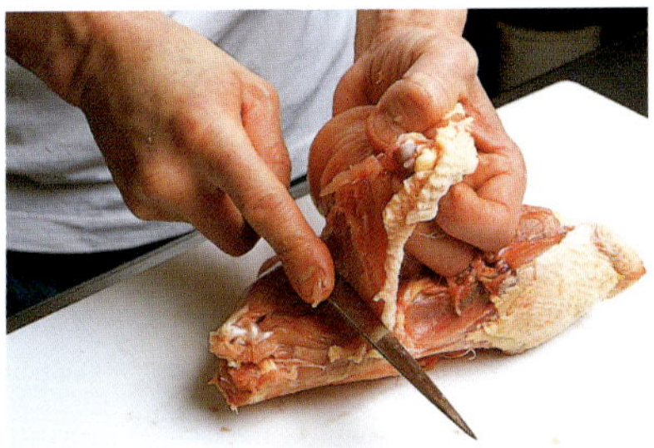

5▼▼ ムネ肉の端についている筋を逆さ包丁で切って取り除く。

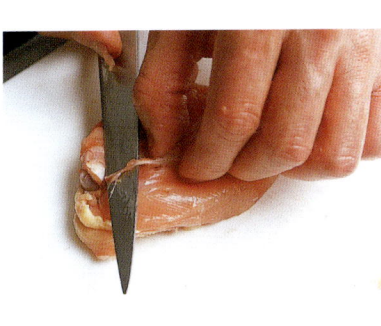

6▲▼ 必要ならば残ったササミを外す。

つぼ抜き

外から包丁を入れずに鶏が袋状になるように内側からガラを取り除く方法。中に詰め物をして元の形に戻し、ローストやゆでる料理に用いる。大型の鶏にはあまり用いないさばき方。羽が残っている場合は、事前に骨抜きで抜いておく。

1　手羽中から先を切り落とす。なるべく皮を手羽元に残さないようにして関節で切り落とす。両側を同じように落とす。

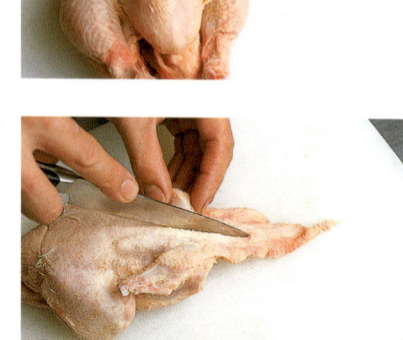

2　背側を上に向け、首ヅルの皮を切り開く。

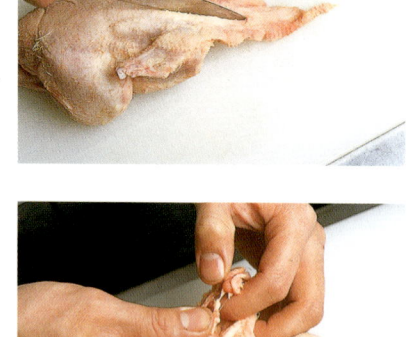

3　皮の内側に残っている食道などの内臓、脂肪を取り除く。

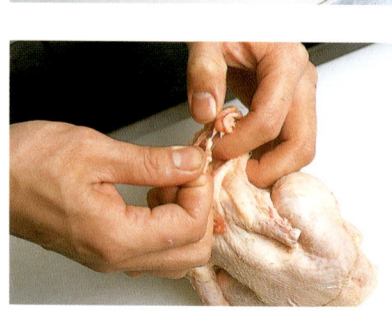

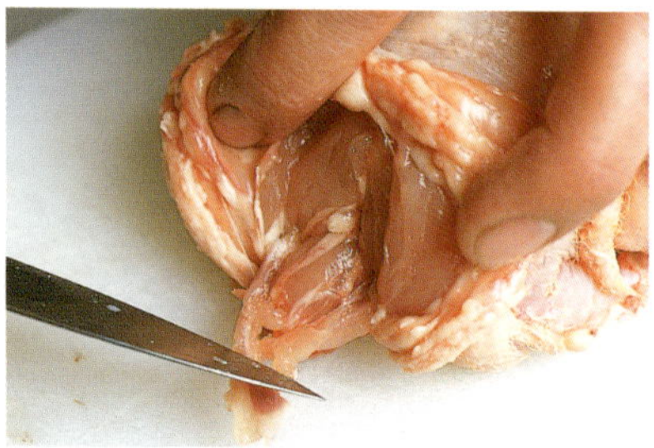

4　V字の鎖骨の内側と外側に沿って包丁を入れ、鎖骨の下に包丁の切っ先を入れ、起こして外す（→25頁）。

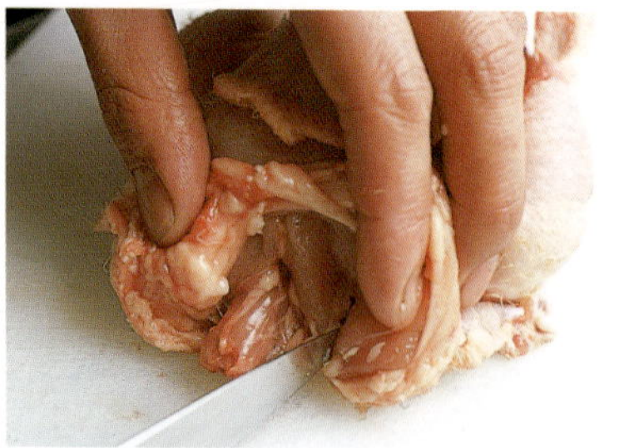

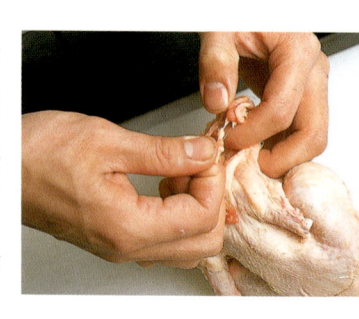

5　内側から包丁の切っ先を入れて手羽元のつけ根の関節を切り外し、周りの筋を切る。もう一方のつけ根も同様に外す。

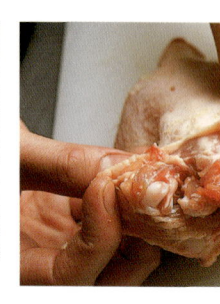

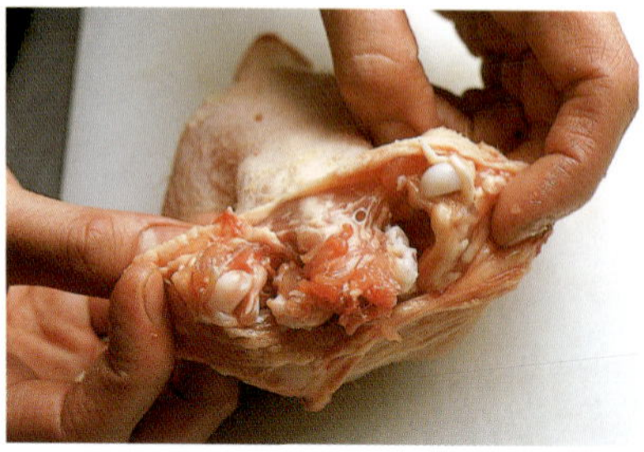

6　関節を完全に外した状態。

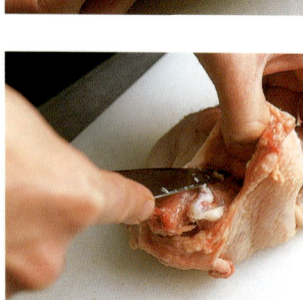

7　両側の肩甲骨（けんこうこつ）に沿って包丁を入れて肉を外す。

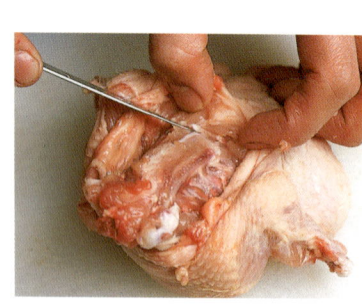

8　皮を破らないように注意して切り進めること。

9　ムネ側を上に向けて、皮をめくって、胸骨（きょうこつ）の先の軟骨をむき出しにする。

10 ▼ ササミはガラにつけたまま軟骨に沿って包丁を入れて切り進める。

11 ▼ この状態まで切り外す。

12 ▼ 鶏を横に向けて、あばら骨（肋骨）から肉をそぐようにして外す。反対側も同様にして外す。

13 ▼ 背側を上に向けてさらに切り進めるとソリレスが見えてくる。ソリレスに沿って包丁を入れて切り外す。

14 ▼ ソリレスを外した状態。

15 ▼ さらに切り進めて、モモのつけ根の関節を切り外す。モモの皮を切らないように注意。

16 ▼ 骨盤（坐骨）から身を切り外す。

17 ▼ ガラが抜けた。

18 ▼ ガラからササミを外す。もう一方のササミも外す。

19 ▲

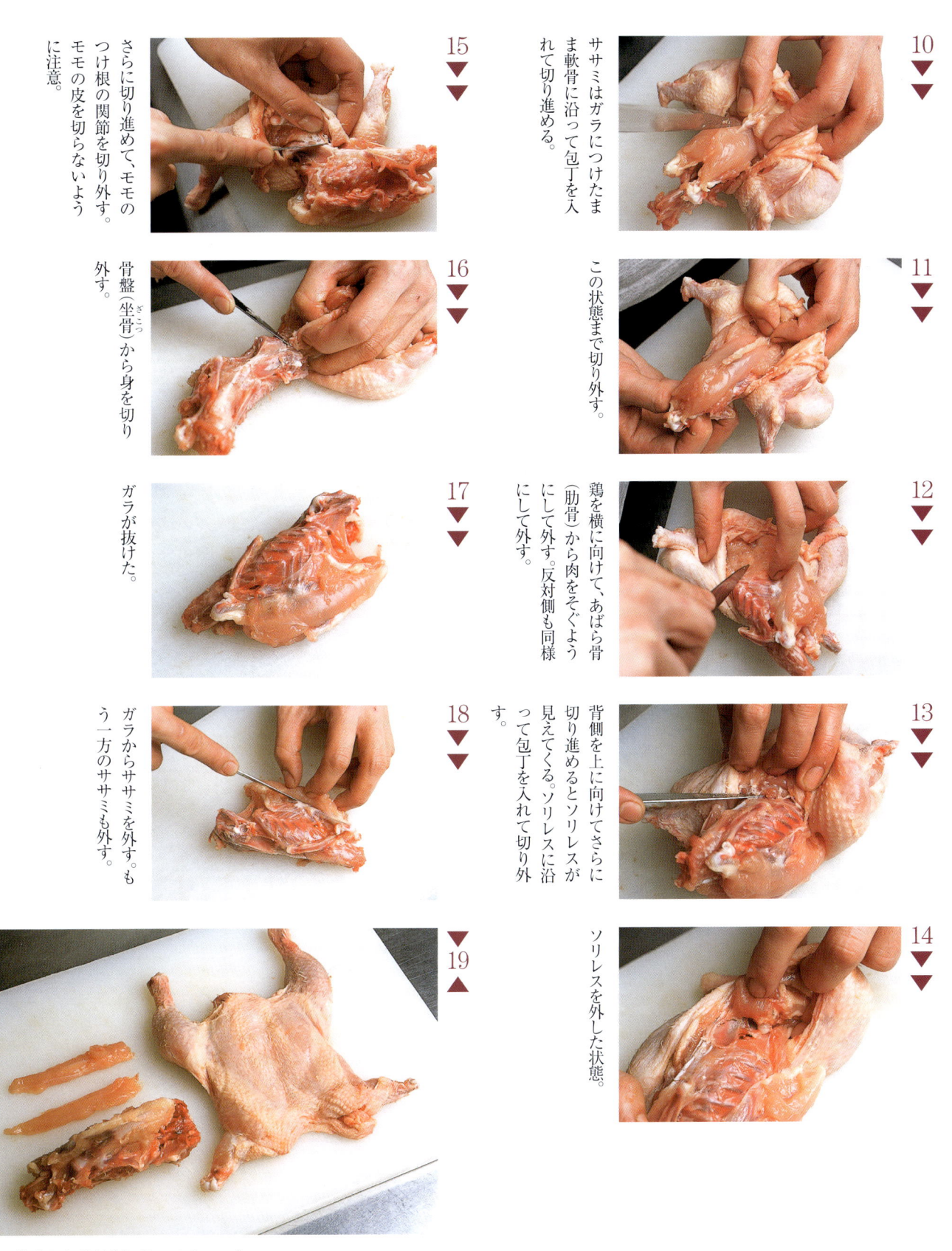

つぼ抜きした鶏（右）とガラ、ササミ2本。

一枚におろす

鶏を一枚におろして、バロティーヌと呼ばれる料理に使う。バロティーヌは骨を抜いた肉で巻いたチキンロールのような料理だがフランス料理に限らず和食、中華など応用範囲が広い。手羽先を切り落とし、鎖骨を取り除くところまではつぼ抜き1〜5までと共通。ガラから周りの肉をはぐようにしておろす。

1 ▼▼ 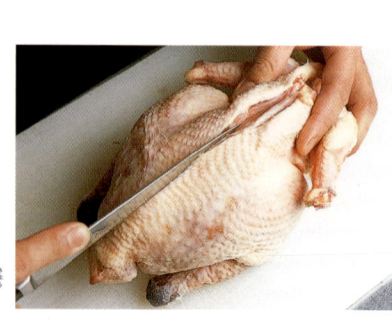
背側を上に向け、背骨（胸椎から坐骨まで）に沿って骨の上に包丁を入れる。

2 ▼▼ 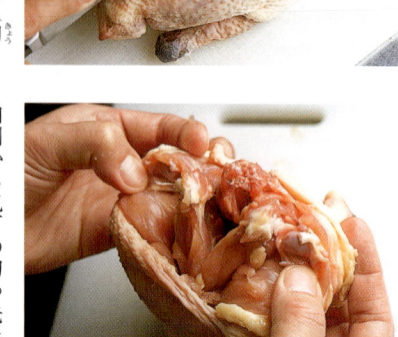
内側から包丁の切っ先を入れて、両側の手羽元のつけ根の関節を外す。

3 ▼▼ 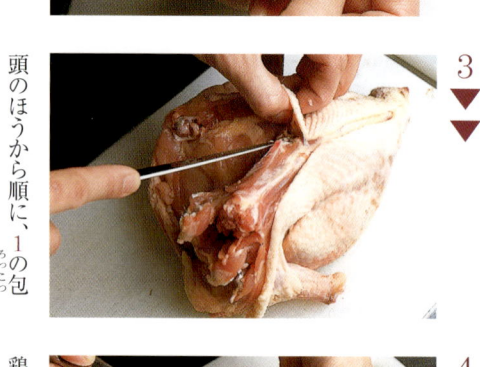
頭のほうから順に、1の包丁目よりあばら骨（肋骨）に沿って包丁の切っ先で肉をはいでいく。半分くらいまで進める。

4 ▼▼ 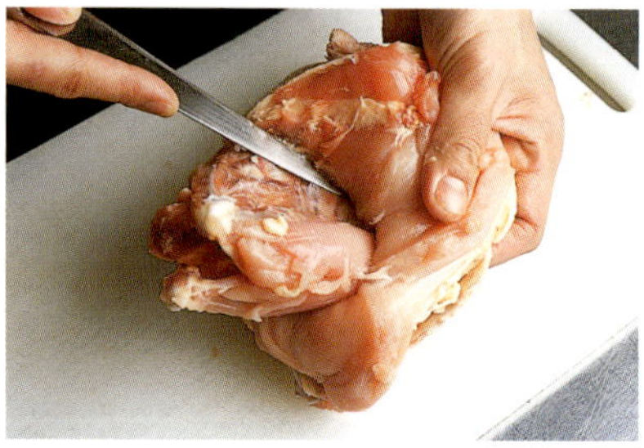
鶏を横に倒し、背側を手前に向けて、反対側も同じ要領で肉をはいでいく。

5 ▼▼ 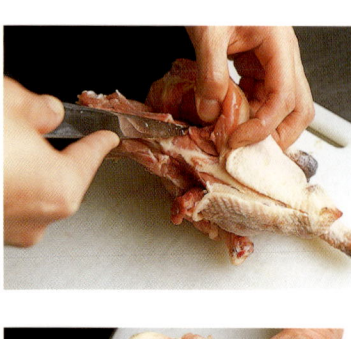
ソリレスを腸骨に沿って切り外す。

6 ▼▼ 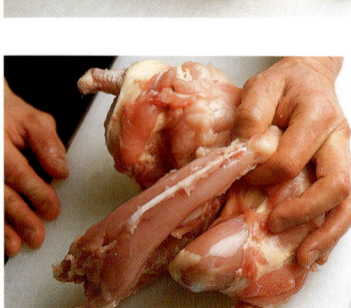
ムネ側を上に向け、ササミはガラにつけたまま、手でムネ肉を外していく。

7 ▼▼ 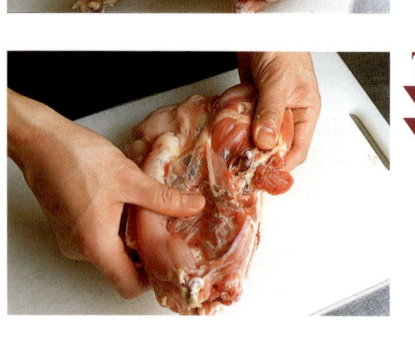
モモのつけ根の関節を切り外す。

8 ▼▼ 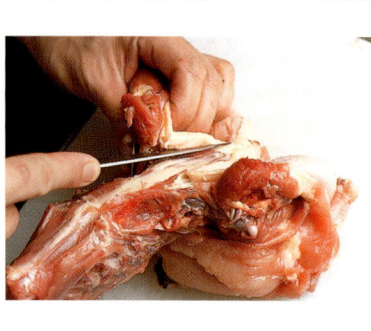
反対側のモモのつけ根の関節も同様に外す。

▼▼ 9 ▼

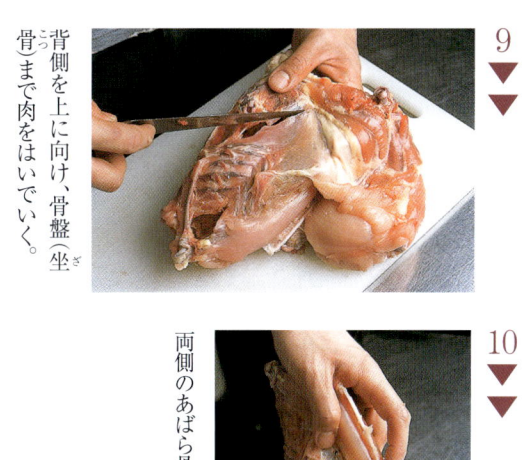

背側を上に向け、骨盤(坐骨)まで肉をはいでいく。

▼▼ 10 ▼▼

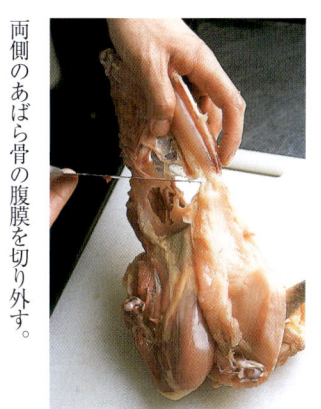

両側のあばら骨の腹膜を切り外す。

▼▼ 11 ▼▼

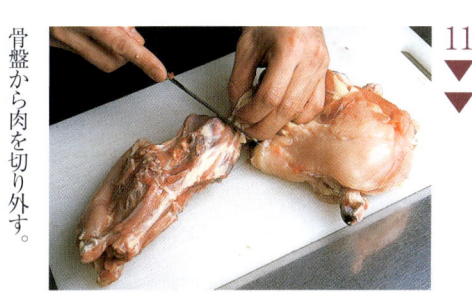

骨盤から肉を切り外す。

▼▼ 12 ▼▼

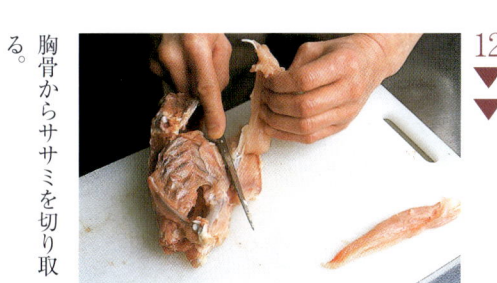

胸骨からササミを切り取る。

▼ 13 ▲

左から一枚におろした鶏、ササミ、ガラ。

だし・スープ

和風ガラスープ（猪股善人）

ガラを煮込んでとるスープの仕込みは朝一番の仕事。8時間ほど煮込んで漉しとる。まず熱湯をかけて霜降りしたあと、ていねいに流水で洗うことがきれいなスープをとるポイント。こうしてとったスープの応用範囲は広く、水炊き、焼き鳥のあとのスープや雑炊などのほかに、各種料理に利用できる。また香味野菜を変えれば、和風料理だけでなく、洋風料理や中華料理にも応用できる。

[材料]
鶏ガラと骨　12羽分
水　24リットル
長ネギの緑部分、ダイコンの端など　各適量

1 ▼▼  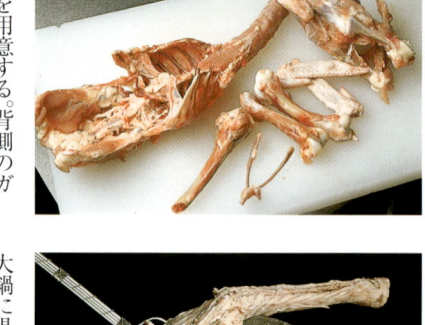
ガラを用意する。背側のガラ、ムネ側のガラ、モモや手羽の骨などすべてのガラと骨を使う。

2 ▼▼ 
大鍋に湯を沸騰させ、ガラを入れて5～6秒くらいせて取り出す（霜降り）。ガラと骨のすべてに霜降りをする。

3 ▼▼ 
ボウルに入れて、何度か水をとりかえて、残った血合いを洗う。

4 ▼▼ 
にごっていた水が透明になるまで流水にさらす。

5 ▼▼ 
ガラと骨を寸胴鍋に移し、24リットルの水を注いで、強火にかける。

6 ▼▼ 
沸騰したら火を少し弱めて、浮き上がってきたアクをひく。だんだんアクが白っぽくなってくる。

7 ▼▼ 
きれいにアクをひき終えたら、火を弱めて長ネギ、ダイコンを入れて8時間煮る。水面がポコッ、ポコッとするくらいの火加減で。

中華風鶏湯 〈出口喜和〉

中国料理ではポピュラーな鶏のだし。長時間煮て味が出るように、鶏はひね鶏（老鶏）を使用する。ここでは、料理への応用性を高め、よりこくのあるだしをとるために、豚ガラを加えている。「源煮輪」では、営業時間中ずっと火にかけて、さまざまな料理に多用している。

[材料（40リットル寸胴鍋）]
ひね鶏（中抜き）　2羽
鶏ガラ　4kg
豚ガラ（背骨）　4kg
長ネギ（青い部分）　20本分
ショウガ　4〜5個
玉ネギ　5個

1 ▼▼ ひね鶏は半分に割って、ところどころに切り目を入れる。

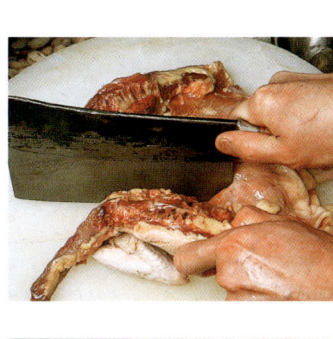

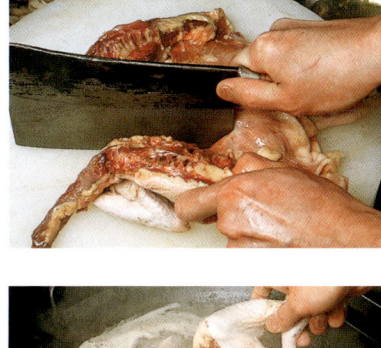

2 ▼▼ 熱湯にひね鶏を入れて1〜2分ゆでる。

3 ▼▼ アクが浮いて固まってきたら取り出して、水で洗う。

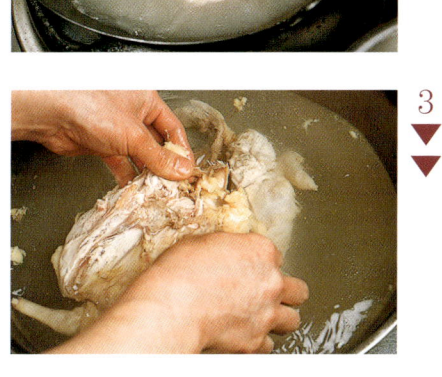

8 ▼▼ 8時間煮た状態。

9 ▼▼ これを漉す。大ザルの上にネルの布を敷いてスープを漉す。

10 ▲ 絞ったりせずに自然に漉す。

4 ▼
鶏ガラと豚ガラを水洗いして脂と血を取り除く。

5 ▼
熱湯に鶏ガラと豚ガラを入れて1〜2分ゆでる。

6 ▼
アクが浮いて固まってきたら取り出す。

7 ▼
水洗いして豚ガラ（背骨）の骨髄を箸などでかき出す。

8 ▼
ひね鶏は残った血合いなどを取り除く。

9 ▼
寸胴（32リットル容量）に8分目の湯を入れて、ひね鶏、鶏ガラ、豚ガラを入れて強火にかける。

10 ▼
沸騰してアクが浮いてきたら取り除く。

11 ▼
アクを除いたら、長ネギ、ショウガ、玉ネギを入れて煮る。水面が少し動くくらいの火加減で最低1時間は煮る。

12 ▼
煮終えた鶏湯。営業時間中ごく弱火にかけておく。漉さずにその都度上澄みをとって利用している。

13 ▲
鶏湯。

鶏のコンソメ（谷 昇）

鶏ブイヨンを澄ませてコンソメをとる。使用する鶏のブイヨンは鶏ガラ1kgに対して水4リットルを注いで3時間弱火で煮てとった澄んだもの。ミルポワ（香味野菜）などは一切加えない。大量にコンソメをつくるときにブイヨンに適量の氷を混ぜて冷ます時間を短縮したいときは、コンソメの材料の鶏粗挽き肉に合わせたときに熱いブイヨンを冷ます時間を短縮55℃以上にならないようにしておけば、冷まさずに熱いブイヨンを入れてもよい。

コンソメを澄ませるポイントは、長時間煮るときに肉がくずれないようにすること。そのため肉のたんぱく質が固まる温度（60℃くらい）になり、肉が固まって鍋底にくっつき始めたら、それ以降は混ぜないようにする。固まった肉を混ぜると肉が砕けて、にごりの原因になる。

[材料]
鶏粗挽き肉（ムネ肉） 1kg
卵白 80g
ミルポワ（香味野菜）
　玉ネギ 100g
　ニンジン 70g
　セロリ 30g
　ニンニク 1かけ
鶏のブイヨン 3リットル

＊鶏粗挽き肉のかわりに包丁で粗く切った肉を使用してもよいが、挽き肉よりも粗いため、煮る時間が長くかかる。

▼1
ミルポワを薄切りにする。

▼2
卵白を溶きほぐす。カラザと濃厚卵白を入れる場合は、泡立て器で叩くようにして充分ほぐしておく。

▼3
寸胴鍋に鶏粗挽き肉、ミルポワ、卵白を入れてよく混ぜる。卵白を均等に挽き肉にいきわたらせるように、肉の間にしっかりと入れ込むように混ぜる。

▼4
ぬるいブイヨンを少量加える。

▼5
よく混ぜる。少量ずつ加えてはよく混ぜるという作業をくり返す。

▼6
ある程度混ざったら一気にブイヨンを注ぎ入れる。

▼7
全量のブイヨンを加えた状態。

▼8
寸胴を火にかける。鍋底につかないように、木ベラで底をこするようにして混ぜながら加熱する。

9 ▼

たんぱく質が凝固し始める60℃くらいになると、固まり始めた肉と木ベラがこすれてキュッキュッという音がしてくる。指を入れて温度を確認する。

10 ▼

熱いくらいになったら、肉を結着させたいので、それ以降は混ぜない。そぼろ状になっても、なお鍋底にくっつくときは、肉をくずさないよう静かに鍋底をこする。

11 ▼

鍋底につかなくなったら肉が鍋の内側にくっつかないように木ベラで外しておく。

12 ▼

沸いたら約3〜5分間、火を弱めずに加熱する。ここでしっかり肉を結着させてよい。肉の表面はボロボロの状態でよい。肉の表面がつるんと見える場合、そのときは澄んでも2〜3日おくとにごってくる。

13 ▼

スプーンなどで静かに真ん中に穴を開ける。肉の寄の表面はボロボロの状態でよい。

14 ▼

真中から見えるブイヨンが透明になってきたら、液面がごく軽く沸騰するくらいの火加減で3〜4時間煮る。

15 ▼

煮終えた状態。3時間煮た時点でゼラチンが出てくる。

16 ▼

シノワにペーパータオルを何枚か重ねて敷き、その上につぶした黒コショウを入れたシノワを重ねる。

17 ▼

シノワに静かに注いで漉す。こうするとコショウの辛味は出ずに香りのみがつく。

18 ▲

鶏のコンソメ。

第2章 鶏の基本料理

これまで解説したさばき方、下処理の基本技術をもとにして、和、洋、中の鶏料理のスタンダードメニューを紹介する。
鶏の基本料理のつくり方を通して、鶏の部位ごとの特徴、加熱の方法、加減などを学んでいただく。
それぞれのジャンルごとで、鶏の下処理、味のつけ方など違いはあるが、どれも鶏をおいしく食べるための手法なので、ぜひヒントにして取り入れていただきたい。

＊なお、2章、3章では、揚げ油や中華料理の炒め油は、特に指定がない場合材料欄より省略している。

全部位

焼き鳥

鶏料理の代表選手である焼き鳥。鶏肉のさまざまな部位を直火で焼き、塩あるいはたれの味のみで食べるきわめてシンプルな料理。それだけに使用する鶏の性質を知ることは重要だ。また自店で使いやすい鶏を選ぶということも大事である。

営業時の仕事がスムーズに進むように、事前の仕込みは完全に済ませて備えたい。見た目をきれいに、しかもムラなく焼き上げるには、適切な肉の切り方、串の打ち方が欠かせない。また同じ店の同じ肉でも、焼き手によって、焼き鳥の味は天と地ほども違ってくる。焼き方の技術はそれほど微妙なものである。しかし焼き方の極意は写真や言葉で適切に伝えることはとても難しい。そこで焼き鳥を焼き上げるまでのイメージを「鳥よし」主人の猪股善人氏に表現していただいた（→56頁）。

料理／猪股善人

かしわ

モモ肉とムネ肉を組み合わせた串。

肉の切り方と串の打ち方

串打ちをするときの共通のポイントは、①焼き台に安定してかけるために肉の上端が水平になるように刺すこと、②また均等に火が通るように、肉の厚さと大きさをそろえること、③効率よく、美しく焼けるように仕上がった串の形を長方形に整えること、などが上げられる。焼き台に乗せやすいように、串の先はほんの少し出すようにする。

なお、串の種類、呼称は「鳥よし」の焼き鳥に準ずる。

1 モモ肉とムネ肉を準備する。

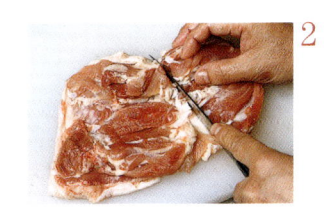

2 モモ肉は関節の跡あたりで2つに切り分ける。

3 3cm幅に切る。肉の繊維に垂直に包丁を入れる。

4 これを3cm長さに切り分ける。

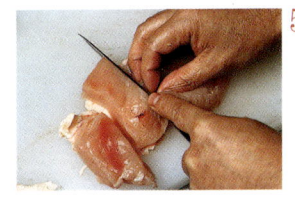

5 ムネ肉も3cm幅に切る。肉の繊維に垂直に包丁を入れる。

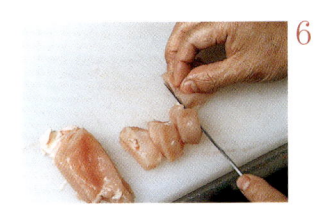

6 これを1cm長さに切り分ける。

7 切り分けた肉。

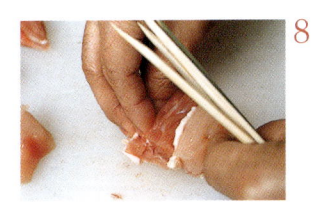

8 串を打つ。まずムネ肉の繊維に垂直に串を打ち、次にモモ肉の繊維に垂直に串を打つ。ムネ肉は1カン。モモ肉は2カン。

9 串を打った状態。肉の上端が水平になるように刺すと焼き台に安定してかかる。

ささみ

ムネ肉の内側にある軟らかいササミを使う。塩でさっぱりと。

1  ササミ。

2 中に通っている筋に沿って、浅い包丁目を入れて逆さ包丁で筋を外す。

3 筋を持ち上げて切り外す。

4 ササミを切り分ける。

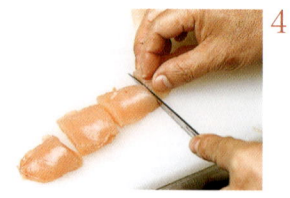

5 肉の厚み半分あたりに串を刺していく。1串3～4カン。最終的に長方形になるように肉を交互に刺す。

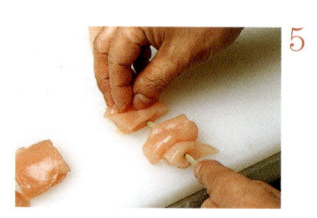

6 ササミ串。厚さをそろえ、肉の上端が水平になるように刺す。

手羽先（手羽中を使用）

大きさにばらつきがあるので、仕込み時に大、小と分けておくと串打ちがしやすい。

1  手羽の内側を上に向け、関節のこぶのやや上のあたりを目安に包丁を入れる。

2 ここから手羽先を断ち落とす。

3 手羽中の細いほうのとう骨に沿って内側（右側）に包丁を入れる。

4 切り目を入れた状態。

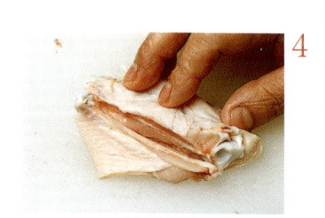

5 太いほうの尺骨の外側（右側）に沿って包丁目を入れて肉を外側に切り開く。

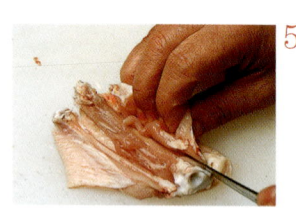

6 切り開いた手羽中。

7 2本の骨の下に串を通す。

8 手羽先串。1串2カン。手羽の大小を組み合わせて串をつくる。

手羽皮

手羽先の先端部分には、肉はついていないが皮はたっぷりついている。この部分の皮を利用した串。

1  手羽先の先端の皮をつまんで包丁でそぎ取る。

2 皮を取って残った部分はスープなどに利用している。

3 羽が残っていることがあるので、骨抜きでていねいに抜き取る。

4 まず先の細くて薄い部分に串を通す。

5 皮を2つに折って厚みのある部分に通す。

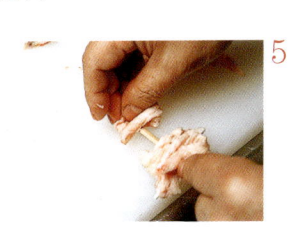

6 串が長方形になるように皮の折り目を左右交互にして5カン刺す。

つくね

粗挽きの鶏は端肉やモモ肉、ムネ肉など、すべての部位の肉を合わせた。鶏肉2.8kgに対して全卵2個、塩と醤油と粗挽きコショウを好みで各少量ずつ使用。

1  一度挽きした鶏肉に卵、粗挽きコショウと塩と醤油を加える。

2 手で握るようにして充分混ぜる。混ざったら20分ほどおくと肉が落ち着いて次の作業がしやすい。

3 適量を取り、片手で絞るようにして1個20gに取り分ける。

4 まな板にラップフィルムをぴったり敷いて、並べていく。

5 てのひらに油をぬって、つくねを丸め、中の空気を抜いて形を整える。大きさの微妙な調節もここで行なう。

6 フライパンに油をひいて充分熱したら、一旦火から外す。ここに5のつくねを並べて、再び中火にかける。

7 フライパンをゆすりながらこがさないように熱し、火から外して裏返す。再び火にかけてゆすりながら表面のみを焼く。この段階では中は生。

8 つくねのちょうど真中あたりに串を刺す。1串3カン。冷蔵庫にて寝かせる。

皮

首やムネ肉、モモ肉などについている皮をはいで、熱湯で湯通ししたあとに串打ちを行なう。こうして脂を適度に落としておくと、焼きの工程で油煙が少なくてすむ。

1 皮をザルに入れて、沸騰した湯につけてさっと湯通しをする。

2 湯を切って水にとって洗う。

3 ゆでた皮。

4 皮の形を整える。皮を4cm幅に切る。

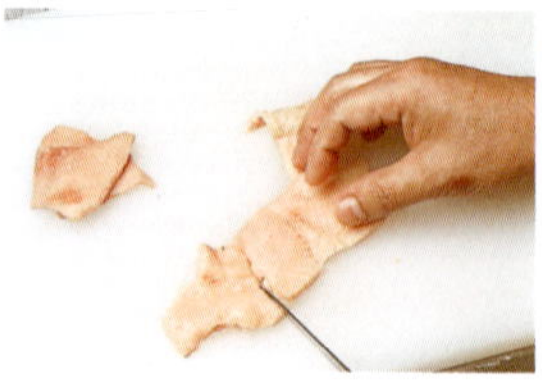

5 さらに4cm角に切り分ける。

6 角串で皮を縫うようにして刺す。1カン目と最後は端からとった比較的小さい皮を刺す。

7 串の全体の形を整えることを考えて刺す。

せせり

セセリは首ヅルの部分の肉で、クビキなどと呼ばれることもある。よく動く部位なので、歯応えがよい。

1 セセリを4cm長さに切り分ける。

2 切り分けたセセリ。

3 端の細い部分は折り曲げるようにして刺す。

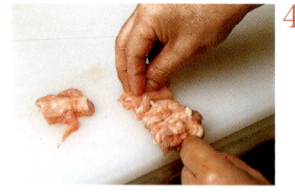

4 肉の繊維に垂直に串を刺す。

5 厚さと形を整える。1串約1羽分使用。

50

ぼん

ボン、あるいはボンジリといわれる鶏の三角の尻の部分を使った串。中に脂腺といわれる脂肪の多い部分があるので、これを取り除いて使用する。

はらみ

背ガラの後方の薄い肉を使った串。淡白な部位なので、味を補うために皮をはさんだ。

1 1羽分のハラミ2枚と皮2切れを使う。適当な大きさに切り分ける。

2 ハラミの端が下に出ないよう内側に巻き込むようにして刺し始める。

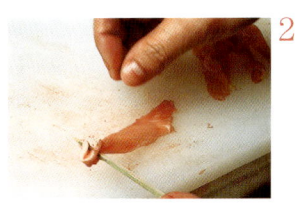

3 左右に折り返して細かく縫うようにして刺し進める。

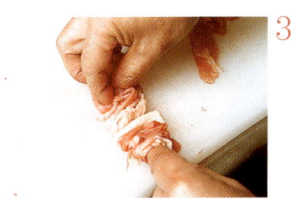

4 ハラミ、皮、ハラミ、皮、ハラミの順に刺す。

9 出っ張っている骨を切り落とす。

10 写真のように切り開いておく（表と裏）。

11 切り開いた側を上に向け、端から縫うように串を刺し、骨の下を通して刺し進める。

12 左右交互に刺して形を整える。ボンは1串2カン使用。写真は串の表と裏。

5 骨の両側に切り目を入れる。

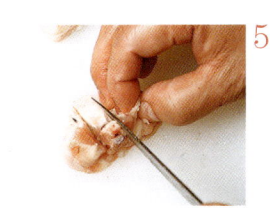

6 この切り目から、両側にさらに肉を切り開き、観音開きにする。

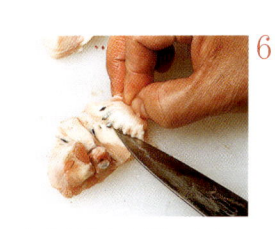

7 切り開いた状態。

8 中にも羽が入り込んでいるので引き抜く。

1 尻の部分を三角形に切った部位を使う。

2 羽が残っている場合は、骨抜きで羽を残らず引き抜く。

3 上側についている脂腺と呼ばれる脂肪部分をそぎ取る。

4 右が脂腺。ここを残すと脂肪が多くなり、しつこくなるので取り除く。

げんこつ

モモの関節部分の軟骨と筋の部分を使った串。肉とは違う歯応えの串をコースの途中でタイミングよく組み込むと変化が出る。

かっぱ

腹側のガラ（胸骨）から取った三角形の軟骨を使った串。やげんともいう。

かっぱ

1 端のかたい骨の部分を切り落とす。

2 白くてつるりとした面（底面）を下に向けて、突起の部分と底面ぎりぎりのところに串を刺していく。

3 左右交互に刺して、串の形を均等に整える。写真は串の表と裏。1串5カン使用。

げんこつ

1 モモ肉を半分に切る。

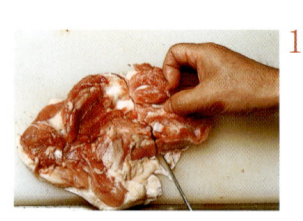

2 関節の部分に残った軟骨と筋を切り取る。これを使う。

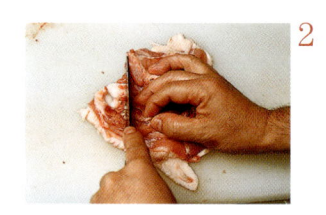

3 げんこつ串の切り身。

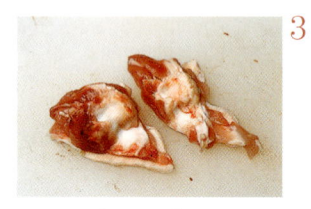

4 筋を包丁の刃元で細かく叩き、切り目を入れて、食べやすくする。

5 端から縫うように串を刺す。

6 左右交互に刺し、形を均等に整える。1串2カン使用。

ハツ

ハツは心臓のこと。弾力のある歯応えが特徴。半分に切って使う。

レバー

レバーは肝臓のこと。レバーの最後、止めにハツを1カン使った。レバーは刺し直しがきかないので、一度目ですっと串を通す。

1 内臓から切り外したレバーとハツ。

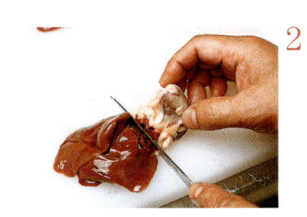

2 レバーからハツを切り外す。

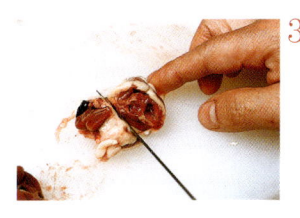

3 ハツのつけ根を切り外し、周りの薄皮をつるりとむく。

4 ハツを半分に切る。

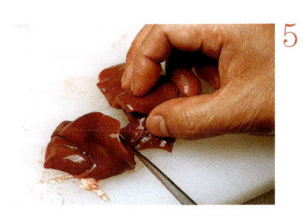

5 レバーを半分に切り分ける。

6 レバーを刺しやすい大きさに切る。ここでは半分に切ったレバーを5つに切り分けた。

7 切り分けたレバー。1串3カンのレバーとハツ1カン（½個）を使用。

8 串を打つ。カット面が両端にくるような向きにし、きれいな面が表になるように刺す。

9 一番上にハツを1カン刺す。串の表（左）と裏（右）。

1 ハツのつけ根を切り整え、縦半分に切る。

2 ハツの真中あたり、半分の厚みのところに串を刺す。

3 つけ根を左にし、向きをそろえて刺す。

ハツ元

ハツ串をつくるときに切り外したつけ根と薄皮の部分だけを集めて串にした。形がふぞろいなので、成形しながら串を打つ。

1 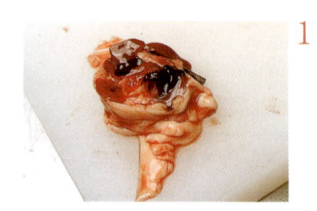 ハツから切り外したハツ元。

2 薄皮をまとめながらハツ元に串を刺していく。

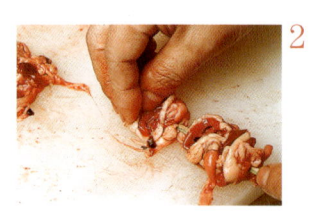

3 1串6カン(ハツ6個分)のハツ元を使用。串の形を整える。

背肝

背肝は背側のガラについている腎臓のこと。精巣がついているものは切り取らずに一緒に串に刺す。

1  背肝を縦半分に切る。

2 切り分けた背肝。右の背肝には精巣がついている。

3 背肝をまとめながら串を刺し進める。

4 途中で精巣にも串を刺して均等な形、厚さになるように刺す。1串1羽分使用。

食道

食道から適度に脂肪を取り除いて使う。脂をところどころに入れながら、形を整えて刺す。

1 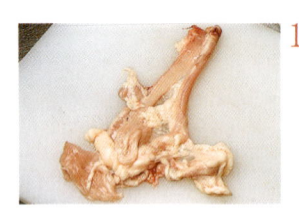 内臓から切り外した食道。

2 脂肪をほどよく取り除く。

3 3cmほどの長さに切り分ける。

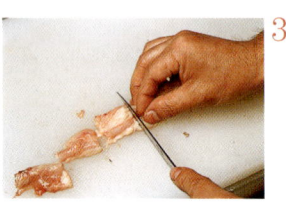

4 食道に垂直に串を刺していく。周りについた脂をところどころに適当に入れて刺す。

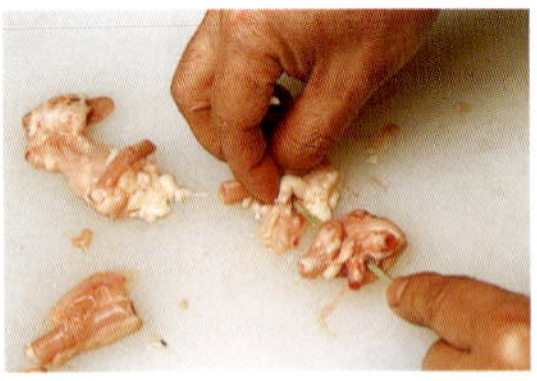

5 厚さと形を均等に整える。1串1羽分を使用。

54

砂肝

開いた砂肝はラクダのこぶのような形をしている。コリコリとした歯ごたえが特徴。串の表面が平らになって、形が整うように少し斜めに串を打つのがコツ。

1 ラクダのこぶ状の山を半分に切り分ける。この切断面が串の表側になる。

2 側面の薄膜（銀皮という）を包丁でそぎ取る。

3 裏返して真中部分の銀皮をそぎ取る。

4 真中からは2カン取れる。

5 銀皮をそいで掃除した砂肝。

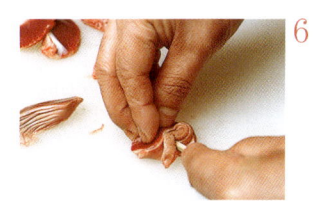

6 まず砂肝の端の部分を折って串を刺す。切断面（きれいな面）を上に向けて真中あたりに刺す。

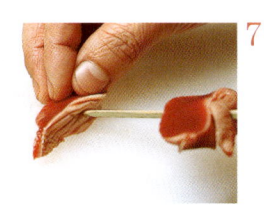

7 2カンめからはやや斜めに刺して、肉が密着し、かつ切断面が平らになるように刺していく。

8 左右交互に刺していく。

9 端が長い部分は折って刺す。はみ出さないように形を整える。1串5カン使用。串の一番上が水平になるように刺し終える。

焼き鳥の焼き方

　焼き方を言葉で解説することは非常にむずかしい。焼き手の技術や経験によってその感覚はかなり違う。鶏を扱って37年の経験をもち、現在都内に3店の焼き鳥店を経営し、評判を得ている鳥よしの猪股善人氏に焼き台に立って、たれ串を焼き上げるまでの感覚をお話していただいた。

　「いつも最高の焼きを目指して焼き台の前に立ちますが、炭や肉質などの状態も違ううえ、複数人の焼き手に、店として常に同じ結果を求めるのは無理なことです。ですから私は一定の幅を決め、常にこのレベル内に焼き上げるように指導しています。

　焼き台の前に立ち、まず炭がきちんとおきているかどうかを確認します。串を並べ、さっとあぶったら色が白くかわる前に裏に返し、裏も同じ程度さっとあぶって返します。このあとは小まめに、表裏を返しながら焼き進めます。ポイントは両面均等に火を通していくことです。片面だけをよく焼くということはしません。表をさっとあぶったら、裏もさっとあぶって返す。表の表面が白っぽくなるまで焼いたら、裏も白っぽくなるまで焼く――といった具合に、表、裏とも同じくらいの火の通し加減をくり返して焼き進めていきます。

　火が強すぎる場合は、団扇であおって温度を調整します。火を弱くするのではありません。火は常に強火がいいと思います。

　表裏に二分程度火が通ったところで、1度たれにくぐらせます。このあとも表と裏を小まめに返して均等に焼き進めます。たれが乾いてきて六分程度火が通ったところで、もう1回たれにくぐらせます。このあとも表裏を返しながら均等に焼き進めます。途中から急に肉の温度が上がってきます。同時に焼き色が急速についてきます。

　すっと肉が軽くなったら、焼き色をきっちりと決めて、最後にたれにくぐらせて提供します。

　大事なのは最初から最後まで、常に肉の表面が肉汁で光っている状態をキープすること。乾いてしまってはダメ。ジューシーな肉とおいしそうな焼き色、焼き鳥はこれが命です」

焼き鳥・たれ

たれの配合やかけ方は各店各様であるが、「鳥よし」のたれ焼きは、2回たれにくぐらせて焼いて、仕上げに1回くぐらせて提供する。濃口醤油、ミリン、ザラメ糖が入っているので、とてもこげやすい。たれにくぐらせたのちは、とくにこまめに裏返して焼く。

配合は、濃口醤油とミリンを同量ずつ合わせて、中ザラメ糖で甘みを調節して一煮立ちさせたものを使用している。これを仕込んで10日に1度程度減った分をつぎ足しながら使っている。比較的さっぱりめのたれである。

4
中まで火が通ってこんがりと色づいたら、最後にもう1度たれにくぐらせて提供する。

1 
こまめに返して表裏均等に火を通して、2割程度火を通す。

2 
焼き台の横のカメに仕込んだたれに1回くぐらせて焼き台に戻す。

3 
6割程度火が通ったら、もう1回たれにくぐらせる。

焼き鳥・塩

塩焼きは、塩のふり加減を調節することがポイント。肉が厚い串や、砂肝のようによくかんで食べる部位、脂の強い部位には塩を強めにふる。

そしてこまめに裏返し、位置をかえて、串全体が均等においしそうな焼け具合になるよう仕上げる。

皮ものは脂が多いので、酒をぬったり、醤油をたらして食べやすくし、べたつかせないでカリッと焼き上げるのがコツ。ササミは表面をさっとあぶる程度にとどめ、おろしたワサビを乗せて提供する。このように、一口に塩焼きといっても、部位のおいしさを引き出すために、まったく焼き方が違ってくる。

4
火の場所を入れかえながら、こまめに裏返す。

1 
サラサラの塩をまんべんなく両面にふる。

5
皮ものは脂が多いので、酒を一刷毛ぬる。

2 
肉が厚い串は塩を強めにふる。また砂肝のようによくかんで食べる肉質や、脂の強い肉質の串にも塩を強めにふる。

6 
最後に醤油を香りづけ程度にたらしてカリッと焼き上げる。

3
肉の色がかわらないうちにこまめに裏表を返して焼く。

炭の組み方・起こし方

焼き鳥を焼く燃料として最適なのが炭である。長時間高温の状態を保つには炭が一番適しているし、炭火ならではのこうばしい香りが焼き鳥に加わる。とくにウバメガシでつくった炭は火力が強く、長時間持つので好んで使われる。

1 焼き台はきれいに掃除する。

2 一番下には新しい備長炭を敷く。土台になるのでなるべく平らになるように並べる。

3 火持ちがよいように、隙間なく並べる。

4 2段目は土台の継ぎ目をおおうようにして平らに並べる。隙間が開いていると炎が上がってしまうので、ところどころに細かい炭を詰めて隙間を埋める。

5 昨日の消し炭（細丸）を炭起しに入れてガス台で焼いて赤く火を起こし、備長炭の上に乗せる。3時間くらいはこの状態でおく。

6 一番上に昨夜の消し炭（備長炭）を乗せる。組み終えた状態。

7 炭に火が起きた状態。強火がよい。

ウバメガシの紀州備長炭。材料のウバメガシの木を高温で焼き上げてつくる白炭。ウバメガシが数多く自生している紀州（和歌山県）は、備長炭の発祥地として有名で、紀州備長炭は最高級とランクづけされている。

中国産の細丸。細丸は直径2cm以下の細い炭。火つきがよいのが特徴。火を起こすときに使っている。

手羽・胸

水炊き

手羽元肉とムネ肉の両方の味を楽しめる水炊き。薄いそぎ切りにしたムネ肉はしゃぶしゃぶ感覚で、さっと火を通して食べていただくようお客様に勧めるとよい。水炊きのだしは、和風ガラスープを使う。薬味は紅葉おろしと万能ネギ、ポン酢。

[3人分]
鶏手羽元　5〜6本
鶏ムネ肉　70g
焼きネギ
万能ネギ
水菜
シメジ茸
袋（餅入り油揚げ）　3個
和風ガラスープ（→40頁）　適量
薬味
　紅葉おろし、万能ネギ
　ポン酢

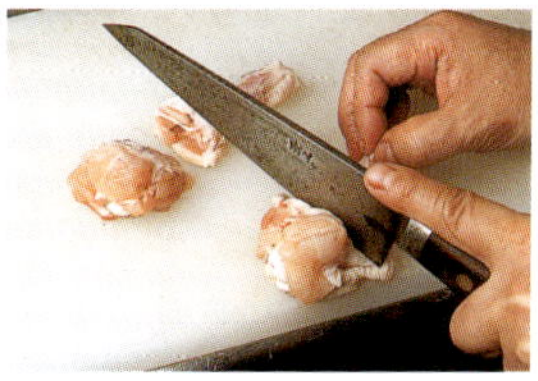

1　鶏手羽元は、骨ごと包丁の刃元で叩き切る。

2　2つに切り分けた手羽元。これをガラスープで煮て火を通す。

3　鶏ムネ肉は、肉の繊維を断ち切るようにして、薄いそぎ切りにする。

4　ガラスープを鍋に入れて熱し、手羽元に火を通した状態で提供する。ムネ肉、焼きネギ、万能ネギ、水菜、シメジ茸、袋を具とし、別皿に盛りつけて出す。

料理／猪股善人

もも

親子丼

焼き鳥のあとの食事として提供するので、丼物としては小ぶり。小さめの器にたっぷり盛りつけて供する。モモ肉を使ってふんわり、とろりと卵でとじた。肉と卵の火の通し加減がおいしさのポイント。

料理／猪股善人

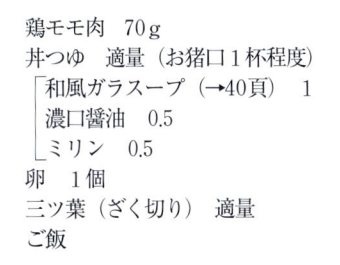

鶏モモ肉　70g
丼つゆ　適量（お猪口1杯程度）
　和風ガラスープ（→40頁）　1
　濃口醤油　0.5
　ミリン　0.5
卵　1個
三ツ葉（ざく切り）　適量
ご飯

＊丼つゆ：材料を上記の割合ですべて合わせておく。

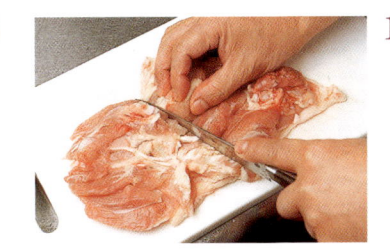

1　鶏モモ肉を半分に切る。

2　2cm幅に切る。

3　さらに2cmに切って角切りにする。

4　1人分70gのモモ肉を使用する。

5　卵を割り落とし、ざく切りにした三つ葉を入れて準備しておく。タイミングが重要なので鍋の近くに用意しておくこと。

6　鍋に丼つゆを入れて、モモ肉を入れて火にかける。

7　鍋に蓋をする。

8　沸いてきたら、肉を裏返しして蓋をしてさらに煮る。

9　肉に火が通ったら、5の卵を溶きほぐして注ぎ入れる。

10　写真くらい卵に火が通ったらでき上がり。ご飯の上に乗せる。

挽き肉

そぼろ丼

さまざまな部位の端肉などを合わせた挽き肉を、焼き鳥のたれで甘辛く煎り煮してつくったそぼろをご飯の上に乗せた、小ぶりの丼。焼き鳥のあとの食事がわりに。

鶏挽き肉　60g
焼き鳥のたれ　15㎖
　濃口醤油　1
　ミリン　1
　中ザラメ糖　好みの甘さに
刻み海苔　適量
ご飯

1
鍋に鶏挽き肉と焼き鳥のたれを入れて火にかける。

2
固まらないように箸でよく混ぜながら煎る。

3
汁気がなくなり、肉に火が通ったらでき上がり。

4
ご飯を盛り、刻み海苔をたっぷり敷く。上に3のそぼろを盛りつける。

料理／猪股善人

がら

鳥スープ

8時間かけて煮てとったガラスープでつくる、こくのある鳥スープ。焼き鳥のあとの一品として人気がある商品。やけどするくらい熱々を提供する。

和風ガラスープ（→40頁）　90㎖
塩　少量（好みで）
白髪ネギ

1
ガラスープを必要量、鍋に取り分け、火にかける。塩を加えて味をつける。

2
提供する器に、白髪ネギを入れて、熱した1のスープを注ぎ入れる。

料理／猪股善人

もも

鶏もも肉の幽庵焼き

モモ肉は太い筋が通っているので、これらを筋切りすること。また火通りが遅い部位なので、厚い部分の肉を切り開いて薄くしておかないと、幽庵地につけてあるので焼き上がるまでにこげやすい。また皮に串で穴を開けておくと、焼いたときに皮がそらずにパリッと、身はふっくらと焼き上がる。

料理／江﨑新太郎

鶏モモ肉　1枚
幽庵地
　濃口醤油　1
　煮切りミリン　1
　煮切り酒　1
茎ブロッコリー
スナップエンドウ
グリーンピース
木の芽

＊煮切りミリン、煮切り酒は、ミリンと日本酒をそれぞれ火にかけてアルコールを飛ばして旨みを凝縮したもの
＊茎ブロッコリー、スナップエンドウ、グリーンピース：塩を入れた熱湯でゆでて水にとり、色よくゆでておく。

1 鶏モモの肉についている脂を取り除く。皮についている脂はそのままでよい。

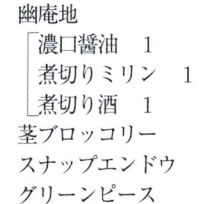

2 太くて白い筋を包丁の切っ先で断ち切っておく。関節の跡の筋はかたいので取り除く。

3 肉の厚さをそろえるために、厚い部分を切り開く。

4 金串を数本束ねてまんべんなく皮に刺して小さな穴を多数開ける。火通りをよくし、焼いたときに皮がそらないようにするため。

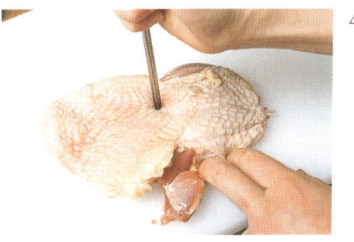

5 鶏モモ肉をたっぷりの幽庵地につける。幽庵地は調味料を合わせたもの。15分たったら裏返す。

6 30分たったら、かたく絞ったぬれ布巾で軽く押さえ、汁気をふく。

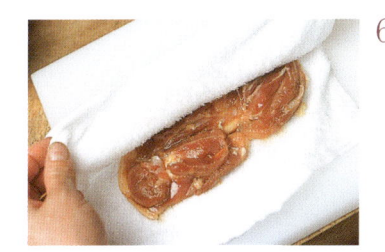

7 串を打つ。肉の厚さの真中あたりを目安に扇串を打つ。

8 串は皮まで通さないように注意。肉にしっかりと通す。

9 上火のグリラーで皮側から焼く。こげやすいので、遠火で焼く。何度か表裏を返す。写真は焼き上がり。適当な大きさに切り、ゆでた茎ブロッコリーとスナップエンドウを添え、グリーンピースを散らす。天に木の芽を盛る。

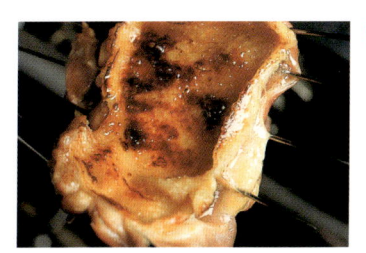

ゆで鶏

薄味をつけた鶏だしでゆでて、鶏の旨みを引き出したゆで鶏。ムネ肉はパサつきやすい部位なので、必要以上に火を通さず一旦取り出し、冷ましただしの中につけてゆっくり味を含ませた。しっとりと軟らかくジューシーに仕上げる。

料理／江崎新太郎

鶏ムネ肉　2枚
ゆで汁　適量
　┌鶏だし（→71頁）　8
　│淡口醤油　1
　│ミリン　1
　│塩　少量
　└日本酒　0.5
マイタケ　50g
旨だし　適量
せん野菜（ニンジン、キュウリ）　適量
玉味噌ヴィネグレット　適量
　┌玉味噌　大さじ1
　│サラダ油　100mℓ
　│酢　1/3カップ
　│塩　小さじ1/3
　└コショウ　少量
叩き木の芽

＊マイタケは旨だし（だしに塩、淡口醤油で味をつけたもの）でさっとゆでておく。
＊ニンジンとキュウリ：ごく細いせん切りにして水に放っておく。
＊玉味噌ヴィネグレット：玉味噌をソース・ヴィネグレットでとろりとのばしたもの。玉味噌は味噌に卵黄、日本酒、ミリンを加えて弱火にかけて練り上げたもの。ソース・ヴィネグレットは、サラダ油、酢、塩、コショウを混ぜ合わせたもの。

1　鶏ムネ肉の皮に束ねた金串をまんべんなく刺して、味がしみ込みやすくする。

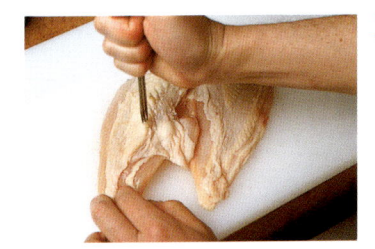

2　関節の跡の筋はかたいので取り除き、切り込みを入れておく。

3　鍋に鶏だし、淡口醤油、ミリン、塩、日本酒を入れて熱し、沸いたらムネ肉を入れて約5分間ゆでる。

4　八分程度まで火を通す。指で押してみて、奥にほんの少し弾力が残るくらいが目安。完全に火を通すと肉がパサついてしまう。

5　氷水にとって中心まで冷まし、取り出す。煮汁も氷水に当てて冷ましておく。

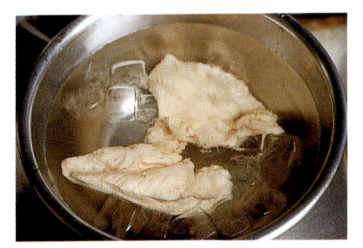

6　冷めた煮汁にムネ肉を戻し、30分～1時間おく。

7　うっすらと味がしみたら取り出して、かたく絞った布巾で汁気をふき取る。

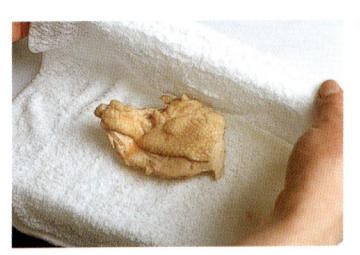

8　皮側を上に向けて5mm厚さに切り分ける。マイタケの上にゆで鶏を盛り、せん野菜（ごく細いせん切りにした野菜）をこんもりと添える。上から玉味噌ヴィネグレットをかける。叩き木の芽を散らす。

ささみ

鶏わさ山葵醤油和え

ササミもムネ肉同様、完全に火を通すとパサついてしまうので、さっと表面に火を通し、中はレアの状態に仕上げる。ここではオーソドックスに山葵醤油を使ったが、くせのない味なので、芥子醤油や酢醤油などいろいろなたれやソースに合わせることができる。

料理／江﨑新太郎

鶏ササミ肉　200g
シイタケ、三ツ葉、ツクシ
浸し地
　だし　200ml
　塩　小さじ1/3
　淡口醤油　5ml
山葵醤油　適量
　だし　2
　濃口醤油　1
　おろしワサビ　好みで

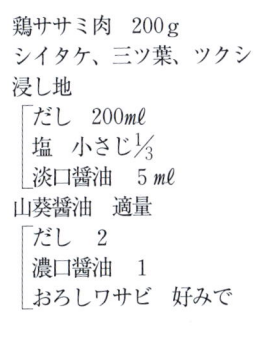

＊シイタケ、三ツ葉、ツクシ：熱湯でさっとゆがいて水にとり、それぞれ浸し地につけておく。浸し地は、材料を合わせて一煮立ちさせて冷ましたもの。

＊山葵醤油：材料を上記の割合ですべて合わせておく。

1 鶏ササミ肉の中央に1本切り目を浅く入れる。

2 切り目から身を開く。筋は取らなくてもよい。太いササミのときは、観音開きにして身を薄くする。

3 熱湯に入れて表裏を返しながら泳がせて火を通す。

4 表面全体がまんべんなく白くなって、肉がうっすらとピンクに透けて見えるくらいで取り出す。

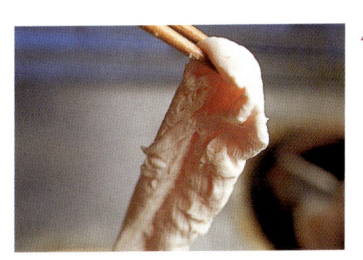

5 すぐに氷水にとって熱がこれ以上入らないように冷ます。

6 切り目を下に向け、ザルに広げて水気を自然に切る。

7 ササミは繊維を断つように薄いそぎ切りにする。シイタケは薄切り、三ツ葉はざく切りにし、ササミとともに山葵醤油で和える。天にツクシを添える。

挽き肉

鶏つくねスープ仕立てと照り焼き

つくね用の鶏はムネ肉とモモ肉を同量ずつ合わせて味と食感のバランスをとった。照り焼き用はかために、スープ仕立てはだしを加えてふんわり軟らかくまとめる。つくねを揚げ物にするときも、軟らかめにまとめると、中がふんわり、外がカリッと揚がり、食感の違いを楽しめる。

料理／江﨑新太郎

つくね生地

1 鶏ムネ肉と鶏モモ肉は同量ずつ合わせて、しつこすぎず、あっさりしすぎない、ほどよい味わいにする。

2 フードプロセッサーにかけてすり鉢でさらにする。

3 卵を加えてすり混ぜる。ダマがなくなったら日本酒を加えてさらにする。

4 粘り気を出すために片栗粉を入れる。塩、淡口醤油、ショウガの絞り汁を加えて薄く下味をつける。

5 照り焼き用とスープ仕立て共通のつくね生地。

[つくね生地]
鶏ムネ肉　250g
鶏モモ肉　250g
卵　1/2個
日本酒　45mℓ
片栗粉　大さじ2
塩　少量
淡口醤油　5mℓ
ショウガの絞り汁　5mℓ

[スープ仕立て]
つくね生地　250g
さらし長ネギ（みじん切り）　15g
鶏だし（つくね生地用60mℓ、スープ用350mℓ）
シイタケ、スナップエンドウ、ニンジン（せん切り）

[照り焼き]
つくね生地　250g
さらし長ネギ（みじん切り）　20g
鶏だし　適量
ゴマ油（太白）　適量
たれ
　┌濃口醤油　50mℓ
　│ミリン　50mℓ
　│日本酒　50mℓ
　└砂糖　小さじ1
オクラ、針ユズ

＊鶏だし：鶏ガラ、合鴨肉、セロリ、玉ネギ、長ネギ、ニンジンを水から強火にかけ、沸騰したらアクをひき、弱火で1時間ほど煮て漉した、澄んだだし。

つくね生地 ▼▼ スープ仕立て

6 71頁のつくね生地に鶏だし60mlを少しずつ加えて軟らかくのばす。すっていると全体が締まってくるので加減しながら少しずつ。

7 さらし長ネギを加えてよく混ぜる。

8 鶏だし350mlを沸かし、団子に丸めたつくね生地（1個60g）を、鶏だしに入れる。

9 団子があまり動かないような火加減で6分間ほど煮る。

10 ペーパータオルをかぶせ、鍋のまま冷まして味を含める。

11 冷めたら鶏だしを漉す。仕込みはここまで。

12 提供時に漉しただしを温めて塩で味を調えてスープとし、団子を温めて椀に盛る。だしで煮含めたシイタケ、スナップエンドウを盛り合せ、せん切りのニンジンを天に盛る。

つくね生地 ▼▼ 照り焼き

6 71頁のつくね生地にさらし長ネギを加えてよく混ぜる。

7 鶏だしを3割の水で割って沸かす。つくね生地を手のひらで握るようにして団子にまとめる(1個60g)。

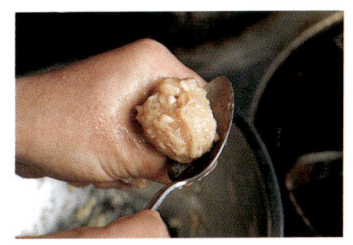

8 沸いた7の鶏だしで団子をゆでる。ボコボコという火加減で6分間ほどゆでたら、火を止めてそのまま冷ます。

9 フライパンにゴマ油を入れて熱し、ゆでたつくねをころがして、こんがりと全体に焼き目をつける。仕込みはここまで。

10 提供時に鍋に移してたれの材料を入れて強火にかける。

11 沸いたら鍋をゆすって、たれをからめながら煮る。

12 火を弱めてペーパータオルをかぶせ、たれを煮詰めていく。または強火のままたれをかけまわしながら煮詰めてもよい。

13 煮上がった照り焼き。ゆがいたオクラをつけ合わせ、針ユズを天に盛る。

手羽

手羽先と大根の煮物

手羽先は味がしみにくい部位。皮に串を打って煮汁の味をしみやすくした。皮全面にまんべんなく串を打つことが大事。また骨つきの部位は、骨から旨みがでるので、関節や骨のまわりに裏から包丁を入れておくとよい。こうしておくと火の通りもよくなる。鶏を一度カリッと焼くことで、皮の破れや煮くずれを防ぐことができる。

料理／江﨑新太郎

	鶏手羽先　400g
	ダイコン（乱切り）　300g
	タケノコ（薄切り）　200g
	ゴマ油（太白）　適量
	煮汁　適量
	そばだし　7
	だし　5
	淡口醬油　1
	ミリン　1
	日本酒　2
	砂糖　0.3
	針ユズ

1. 鶏手羽先に残っている羽をていねいにむしり取る。

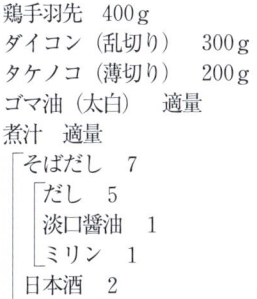

2. 鶏の骨から旨みが出るように裏側の関節に包丁目を入れておく。切り落とさないように注意する。

3. 味がしみやすいように、手羽中の2本の骨の間にも切り目を入れておく。

4. 数本の金串を束ねてまんべんなく表側の皮に刺し、煮汁の味をしみ込みやすくする。

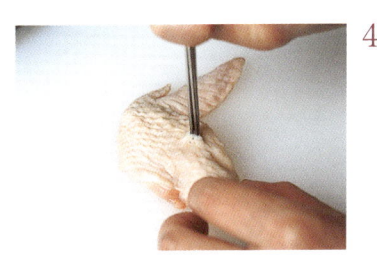

5. フライパンにゴマ油を入れて熱し、4の手羽先を表側から焼く。火加減は中火程度でじっくりと。

6. 写真程度にうっすらとキツネ色にカリッと焼けたら、ペーパータオルにとって余分な油を切る。

7. 鍋に6の手羽先、ダイコン、アク抜きをしたタケノコを入れ、煮汁（材料を合わせた冷たいだし）をかぶるくらい入れて落し蓋をして強火にかける。

8. 沸騰したら中火でコトコト煮て、汁気が少なくなったら弱火にして煮汁をかけまわす。ダイコンが軟らかくなったら煮上がり。器に盛り合わせ、天に針ユズを盛る。

レバー

鶏レバー醤油煮

レバーは内臓のなかで一番火の通し方がむずかしい部位。ふわっと煮上げるには、多めの煮汁を沸騰させてレバーを入れ、さっと炊いて煮詰めたのち、煮汁につけて味を含ませる。長時間かけて煮込まない。

鶏レバー　280g
合せだし
　鶏だし（→71頁）　100mℓ
　日本酒　30mℓ
　ミリン　30mℓ
　砂糖　大さじ1
　濃口醤油　45mℓ
長ネギ（ぶつ切り）　1本分
ショウガ（せん切り）　2かけ
卵黄（半ゆで）　2個
白髪ネギ

＊最後に入れる卵黄は、かたゆで玉子がゆであがる少し手前の黄身を使用。

料理／江﨑新太郎

1　鶏レバーは半分に切る。

2　表面に浅く包丁を数本入れて筋を取り除く。

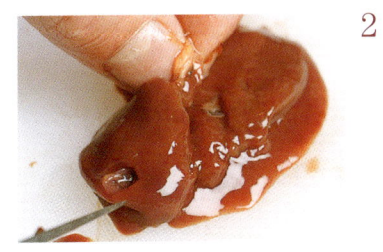

3　筋を除いたレバー。

4　流水にさらして血抜きをする。

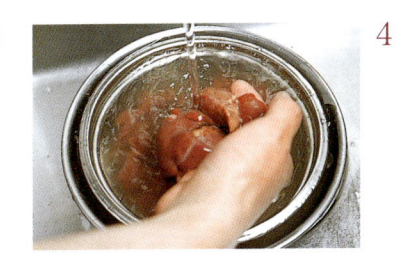

5　表面の薄膜をはぎ取る。

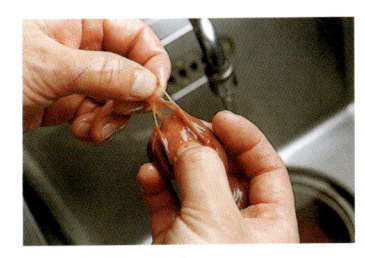

6　かたく絞った布巾で水気をふく。乾いた布巾を使用すると、レバーの血がしみついて落ちなくなってしまう。

7　鍋に合せだしを入れて火にかける。

8　合せだしが沸いたらレバーを入れる。

9　長ネギ、ショウガを入れて落し蓋をして中火でコトコトと煮る。

10　途中でアクが浮いたら随時取り除く。

11　合せだしが煮詰まったら、黄身を入れて合わせてでき上がり。器に盛り、天に白髪ネギを盛る。

ローストチキン

Poulet rôti

鶏の内臓を抜き、ハーブや米などの詰め物をしてローストする場合、糸で縫って鶏の形を整える。ここではローズマリーとニンニクを詰める方法を紹介したが、何も詰めずに焼いてもよい。もし詰め物をせずにローストするならば、塩をふる前に、熱湯にさっとくぐらせて皮をピンと張らせてから表面を焼くと、きれいな焼き目がつく。フライパンで表面を焼くときには、皮が破れることを恐れずに強火で焼いてパリッと焼き色をつけるのがコツ。モモの部分は火が通りにくいので、充分油をかけること。

鶏(中抜き)　1羽(1.2kg)
ローズマリー　適量
ニンニク　1株
塩　鶏の重量の0.8%(10g程度)
ピュアオリーブ油　適量
バター　30g
ポンムフリット(アリュメット)
クレソン

＊ピュアオリーブ油のかわりにピーナツ油でもよい。
＊ポンムフリット:皮をむいてせん切り(アリュメット:マッチ棒大)にしたジャガイモを水にさらしたのち、水気を切って170℃に熱した油で揚げたもの。

塩をふるということ

鶏に限らず、塩をふってすぐに焼くと、表面についた塩が焼けてこげくささの原因になる。そこで1羽丸ごと使うような場合、またはコンフィなどにするときは、塩をふって一晩おくことが望ましい。しかし時間がないときや部位ごとに切り分けた肉を焼く場合は、塩をふってしばらくおき、塩が肉に浸透し、表面からドリップがにじみ出てきたら、焼きの工程に入ってよい。
　いずれにしても、表面のドリップはふき取らないで焼くこと。このドリップにはたんぱく質が含まれているので、低温で焼き固められて皮膜となり、旨み(肉汁)が流出しない。

料理/谷　昇

詰め物をして糸でしばる

1 鶏の足の一番太い筋を切る。切っておかないと焼いたときに足がピンと突っ張ってのびてしまう。鎖骨も外しておく（→25頁）。

2 ニンニクは横半分に切って、油を引いたフライパンで焼いておく。ローズマリーを適量準備する。エストラゴンなどでも合う。

3 尻のほうから一番奥にニンニクを、次にローズマリーを詰める。

4 最後に残りのニンニクを詰めて、針と糸で縫う（→28頁）。

5 塩をまんべんなくふって、できれば冷蔵庫で一晩おく。表面からにじみ出るドリップはふかずにそのまま焼く。

表面を焼く

6 フライパンにピュアオリーブ油を入れて、強火で表面を焼く。鶏が熱くなる前に手で鶏を持って、焼けにくい部分を鍋肌に当てて焼いておくとよい。温度が上がったら、その温度を保てるよう火加減を調節しながら焼く。

7 塩をふって一晩おけなかった場合、油の中に塩が落ちてこげてくるようなら取り除く。そのまま焼きつづけると塩がこげるにおいが肉についてしまう。

8 油をかけて風味をつける。

9 火が通りにくい部分は重点的に油をかけて焼く。ちなみにムネはモモよりも火が入りやすい。焼き時間は15分間が目安。

10 表面を焼き上げた状態。

ローストする

11 200℃のオーブンで10分、180℃に下げて30分ローストする。ときおり油をかけ、向きなどをかえて均等に熱が入るようにする。ロースト中は表面の脂がつねにプツプツしているくらいの温度がよい。写真はローストした鶏。

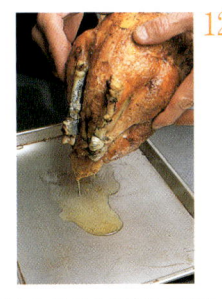

12 お尻から出てくる肉汁が澄んでいれば焼き上がり。取り出して10分間ほど休ませる。にごっていたら、もう少し焼く。肉汁はソースに使う。本当は焼いた時間と同じ時間だけ休ませるのが理想。休ませずに切るとおいしい肉汁が流れ出てしまう。

切り分ける

13 鶏を縫っていた糸を切って抜く。

14 ムネ側を上に向け、モモのまわりの皮に包丁を入れる。

15 骨盤（坐骨）に沿って包丁を入れておく。

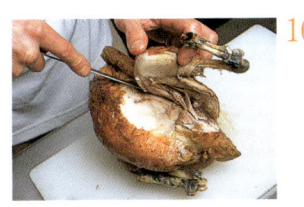

16 モモを外側に開いて外す。

17 お尻のほうから包丁を入れてモモを切り外していく。

18 モモのつけ根の関節をすぎたところで背骨に向かって包丁を切り下ろす。

19 ソリレスをモモにつけて、モモを切り外す。包丁の先で示した部分がソリレス。もう一方のモモも同様にして切り分ける。

20 胸骨の両側に包丁を入れる。

ソースをつくり、仕上げる

36 漉したソースを火にかけて沸かし、こがしバターを加えてソースに切れを与える。

37 一気に乳化させる。切り分けた肉とポンムフリットを盛り合わせ、ソースを流す。クレソンをあしらう。

31 12の肉汁と切り分けるときに出た肉汁と細かく切ったガラを鍋に入れる。

32 ひたるくらいの水を注ぎ、腹の中に詰めていたニンニクを入れて火にかける。

33 12のオーブンの天板に残った肉汁を溶かして鍋に入れ、強火で一気に煮詰める。

34 シノワで漉す。

35 フライパンにバター30gを入れて火にかけてこがしバターをつくる。

26 切り分けたローストチキン。流れ出た肉汁はとっておく。

ガラを切り分ける

27 両側のあばら骨（肋骨）を切る。

28 逆さ包丁で肩甲骨の上の肉を切り外す。

29 両側の肩甲骨を起こして切り外す。

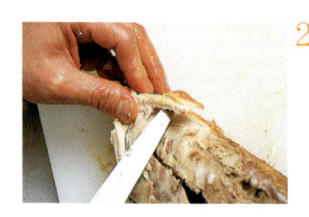

30 ムネ側のガラを起こして、ガラを2つに分ける。このガラを細かく切ってソースの材料とする。

21 右の切り目から包丁を滑らせるようにして切り進め、ササミのつけ根を外す。

22 手羽のつけ根の関節に包丁を入れる。

23 肉を横に倒し、肩甲骨に沿って包丁を入れていく。

24 左手で肉を持ち上げて筋を切りながら外していく。

25 ムネ肉を切り取る。もう一方のムネ肉も同様にして切り外す。

80

一羽

バロティーヌ
Ballottine

鶏の中に肉を詰めて巻いてつくるバロティーヌは、中まで火を通すのに時間がかかる。そこで煮くずれないよう、布で包んでハムのように糸をからげ、煮立たせないよう2時間じっくりブイヨンで煮る。ブイヨンに浸した状態で冷蔵庫で保存すれば1週間日持ちする。

料理／谷 昇

均等な厚さに切り開く

1 一枚におろした鶏(→38頁)からモモの骨を外す。皮を下に向けて置き、モモの内側から大腿骨に沿って肉を切る。

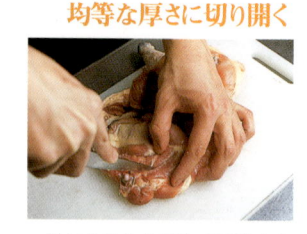

2 大腿骨をむき出しにし、脛骨(足先に近いモモの骨)との関節を切り外す。

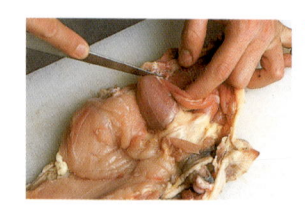

3 関節の周りに包丁を入れて筋を切り、大腿骨を肉から外す。

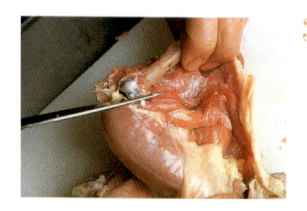

4 骨から肉をきれいにこそげ取って、ソリレスを切らないようにして骨を外す。

5 次は大腿骨とつながっていた脛骨を外す。皮をむいて、肉をむき出しにし、モモの内側から脛骨に沿って肉を切る。

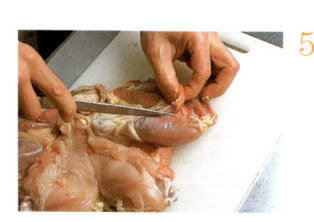

6 脛骨をむき出しにする。

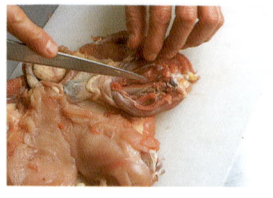

7 写真は脛骨に平行してついている細い骨(腓骨)。この細い骨も脛骨と一緒に外すこと。

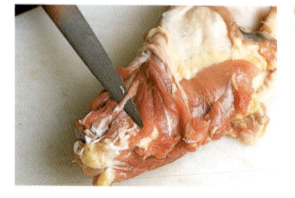

8 関節の周りに包丁を入れて筋を切り、骨を肉から外す。

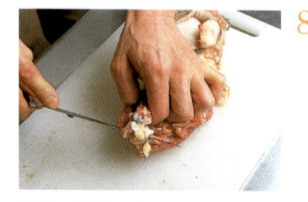

9 脛骨を外す。これでモモの骨(2本)が外れた。もう一方のモモも同様に骨を除く。

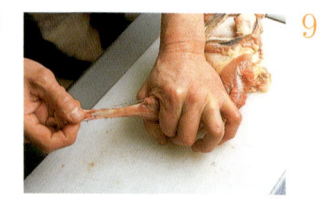

10 次に手羽の骨を外す。手羽の内側から包丁で皮を切り、手羽元の骨に沿って包丁を入れる。

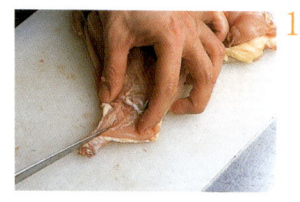

11 骨をむき出しにする。

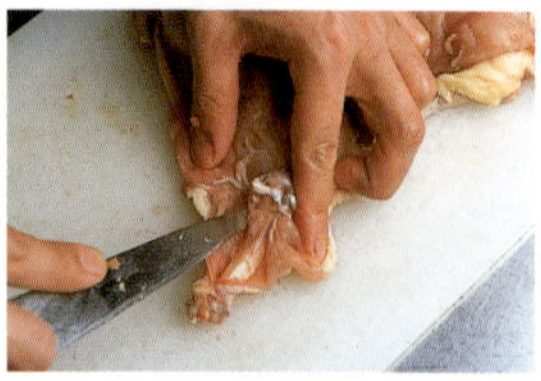

12 逆さ包丁で関節の周りの筋を切って外す。

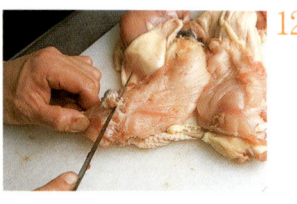

13 骨に肉を残さないようにして外し、骨を取り除く。もう一方の手羽も同様に骨を除く。

14 裏返しになった肉を元の形に戻す。

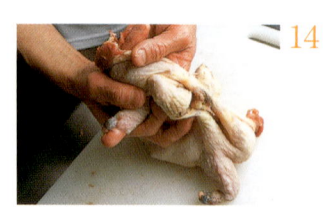

15 モモの先を切り落として形を整える。

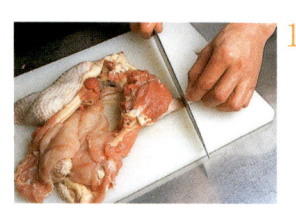

鶏(中抜き)　1羽(1.2kg)
詰め物
　┌鶏挽き肉、豚挽き肉　各50g
　│鶏ササミ肉(1cm角切り)　50g
　│フォワグラ(1.5cm角切り)　125g
　│松の実ロースト　50g
　│トリュフ(5mm角切り)　20g
　│塩　肉の重量の1.2%
　│コショウ　肉の重量の0.12%
　│キャトルエピス　少量
　└バター　適量
鶏のブイヨン
　┌鶏ガラ　1kg
　└水　4リットル
新玉ネギのグレッグ
　┌新玉ネギ　4個
　│水　400mℓ
　│オリーブ油　50mℓ
　│アスコルビン酸　少量
　└塩、コリアンダー　各適量
トマト、ブロッコリー、ニンジン、トリュフ

＊鶏のブイヨン：分量のガラを水から火にかけ、沸いたら弱火で3時間ほど煮る。にごらせないようにつくる。香味野菜やスパイス類は一切加えない。

＊新玉ネギのグレッグ：新玉ネギ以外の材料をすべて合わせて沸騰させる。ここにくし形切りの新玉ネギを入れて、再沸騰したら火から下ろし、そのまま冷ます。

詰め物をつくり巻く

16 モモのつけ根からモモの先に向かって包丁を入れて切り広げる。もう一方のモモも同様に。ボン(尻)を切り落とす。

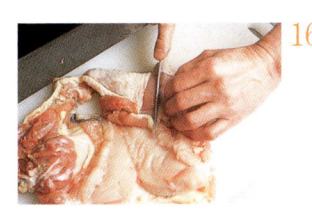

17 肉の隙間を埋めるように肉を観音開きに切り開き、均等な厚さにする。

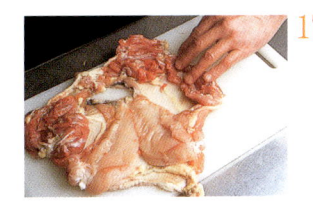

18 ムネ肉も切り開いて同じ厚さにする。

19 モモ肉に通っている太い筋を1〜2本断ち切っておく。

20 きれいに切り広げた鶏。

21 詰め物のササミは角切りにし、さっとバターで炒めておく。

22 材料をすべて混ぜ合わせる。

23 22をモモの上にまとめて乗せる。

24 これを芯にしてモモのほうから1巻きで巻き終える。クルクルと何重にも巻いてはだめ。首皮のみ残す。

25 両端を整えて、首皮を重ねてしっかり巻く。

26 サラシで鶏をきつく包んで両端を糸でしばる。

27 糸をかける。端で糸をきっちりと結び、左手に糸をかけてくぐらせてきつく締める。

28 半分まで糸をかける。

29 半分まで進んだら左右向きを変えて反対から糸をかける。

30 端で糸を数回まわしてとめ、糸の長さをある程度とって切り、縦に糸を通して(横糸の上を通して下からくぐらせる)からげて端でしばる。

31 鶏のブイヨンを沸騰させ、肉を入れる。

32 2時間ほど写真程度の火加減でコトコト煮て、ブイヨンのなかで冷ます。冷めたら取り出す。

33 布に包んだまま布ごと切り分けて布を外して使う。新玉ネギのグレッグ、くし形切りのトマト、ゆでたブロッコリーとニンジンを添え、バロティーヌを盛る。薄切りのトリュフを乗せる。

ひな鶏のドミドゥイユ

Poussin ou Coquelet demi-deuil

ヒナ鶏の皮と身の間にたっぷり薄切りのトリュフを挟んでゆでた贅沢な料理。ポトフ仕立てにするならば、玉ネギ、ニンジン、セロリをあらかじめ煮ておき、ここにヒナ鶏を入れて煮込んで最後にカブを入れて仕上げるとよい。

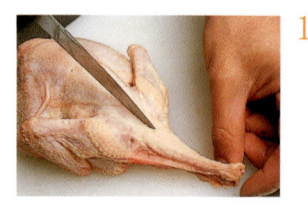

1
ヒナ鶏の背側を上に向け、逆さ包丁で首ヅルの皮を切る。

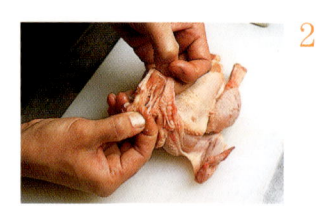

2
ムネ側を上に向け、首ヅルの内側に付着している食道と気管を取り除く。

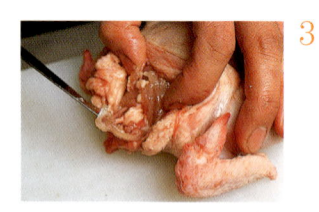

3
首皮を広げて、V字の鎖骨を取り除く(→25頁)。

ヒナ鶏(中抜き)　1羽(410g)
トリュフ　5g
鶏のブイヨン(→82頁)　適量
ソース・シュプレーム
　鶏のブイヨン(ゆで汁)　100mℓ
　生クリーム　100mℓ
　バター　30g
　トリュフ(みじん切り)　少量
セロリピュレ
　根セロリ　500g
　バター　50g
　塩　少量
　アスコルビン酸　1g

＊セロリピュレ：根セロリをスライスし、水、バター、塩、アスコルビン酸を加えて軟らかくなるまでコトコトと煮て、裏漉ししてピュレにしたもの。

料理／谷 昇

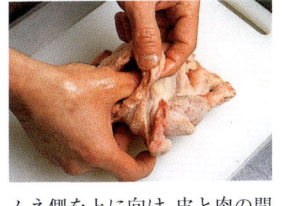

4 ムネ側を上に向け、皮と肉の間に指を差し込んで、薄膜を外す。

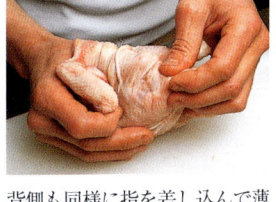

5 背側も同様に指を差し込んで薄膜を外す。

6 トリュフはひび割れがなく、傷がなく、粒が均等に入っているものを選び、薄切りにする。

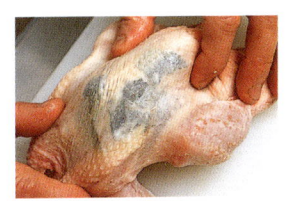

7 ムネ肉と皮の間にトリュフを一面に挟む。背側も同様。

8 糸でしばる（→27頁）。

9 鶏の重量の0.8〜1％の塩をふる。できれば一晩おいて塩とトリュフの香りをなじませる。

10 ひな鶏がかぶるくらいの鶏のブイヨンをグラグラと沸かし、ヒナ鶏を入れ、フツフツと沸くくらいの火加減でゆでる。

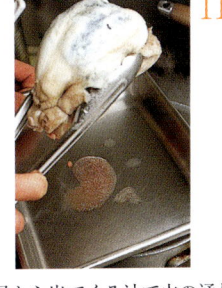

11 お尻から出てくる汁で火の通り具合を判断する。血が混じり、汁がにごっているのでもう少しゆでて火を通す。

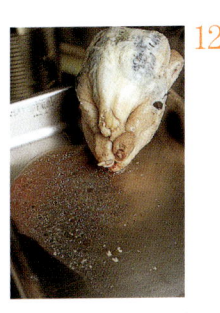

12 約20分ゆでた。まだ血は混じっているが、加熱により固まり始めたために、汁が澄んでにごりがないので肉に火は通っている。

13 切り分ける。糸を切って引き抜き、モモの周りに包丁を入れる。

14 モモを立てて関節を切る。

15 ソリレスをモモにつけて、モモを外す。もう一方のモモも同様に外す。

16 ムネ側を上に向け、胸骨に沿って両側に切り目を入れる。

17 16の切り目から包丁をあばら骨（肋骨）に沿ってすべらせるように切り進める。

18 ササミのつけ根を外し、手羽のつけ根の関節を切る。

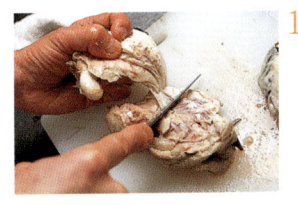

19 ガラを包丁で押さえて、ムネ肉を引っ張って外す。

20 モモ2枚、ムネ2枚に切り分けた。

ソース・シュプレーム

21 10で鶏をゆでた鶏のブイヨン100mlを強火で煮詰めて50mlにする。

22 生クリームを入れる。沸いたらバターを入れて溶かす。溶けたら火を止めてトリュフを少量加える。盛りつけて、ソースをかけ、セロリのピュレを添える。

ひな鶏の肉詰め

Poussin farci

ガラをつぼ抜きしたヒナ鶏にフォワグラとササミなどを入れたピラフを詰めてフライパンでソテーして焼き色をつけたのちローストした。ソテーは、焼いているときにおいしそうな鶏のにおいがしていること、おいしそうな焼き色が全面にまんべんなくつくことが大事。火が強すぎるとこげ臭が肉についてしまったり、焼き色にムラがでてしまう。

切り分けた状態。

料理／谷 昇

材料

- ヒナ鶏(中抜き)　1羽(410g)
- ピラフ
  - 金華ハム(みじん切り)　20g
  - バターライス　100g
  - 卵　1個
  - 鶏ササミ肉(小角切り)　30g
  - フォワグラのソテー(角切り)　20g
  - マッシュルーム(小角切り)　20g
  - 塩、コショウ　各少量
- ピュアオリーブ油　適量
- バター　30ml
- ソース・リヨネーズ　適量
  - 玉ネギ(薄切り)　大2個
  - バター　40g
  - 白ワイン　1.5リットル
  - 鶏のコンソメ(→43頁)　500ml
  - フォンドヴォー　1.5リットル
- トリュフ(みじん切り)　適量
- ほうれん草のソテー

手順

1. つぼ抜きしたヒナ鶏(→36頁)とガラ、ガラから外したササミ。
2. ピラフを用意する。
3. ピラフをヒナ鶏の頭のほうから詰める。
4. 元のヒナ鶏の形に戻る程度まで詰める。
5. 糸で縫って(→28頁)、塩をふる。
6. フライパンにピュアオリーブ油をひき、5のヒナ鶏を背側から焼く。背側から焼いて固めると形がくずれにくい。
7. バターを入れて風味をつける。
8. バターを上からかけながら焼く。こげたら捨てて、新しいバターを加える。
9. 焼き色がついたら側面を焼く。油がこげたら取りかえる。もう一方の側面も焼く。
10. ムネ側を焼く。
11. 肩のほうを焼く。
12. 最後に尻のほうを焼く。
13. ソテーしたヒナ鶏。これを180℃に熱したオーブンに15分間ほど入れてローストする。
14. ヒナ鶏の中心部分が串のどこにくるかをあらかじめ確認して、モモのつけ根あたりから刺して約10秒ほどおいて抜き、中心部分の串が温まっていれば焼き上がり。ソースを流し、ほうれん草のソテーを平らに盛り、ヒナ鶏のローストを盛る。

*ピラフ：フライパンにフォワグラの脂を溶かし、ササミ肉とマッシュルームを炒める。ここによく溶いた卵を加え、バターライス(バター40gを溶かして米120gを入れて弱火で炒め、全体が泡立ってきたら水180ml、塩少量を加えて蓋をし弱火で20分炊く)、フォワグラのソテー(フォアグラに小麦粉をまぶし、さっと表面を焼く)、金華ハムを加えて塩、コショウで味を調え、炒飯の要領でピラフをつくる。

*ほうれん草のソテー：ホウレン草は葉のみを使う。バターを溶かし、つぶしたニンニクを入れて香りをつけ、ホウレン草を炒める。

*ソース・リヨネーズ：玉ネギをバターで炒める。熱がまわったら火を弱めてじっくりと薄めの茶色になるまで炒める。ここに白ワインを少しずつ加えて(全体がひたる程度)強火で加熱する。煮詰まったら、再び白ワインを加えて煮詰める。これをくり返し、白ワインをすべて加える。鶏のコンソメを加えてさらに煮詰める。茶色く色づいてきたらフォンドヴォーを加えて軽く煮詰める。シノワで漉して冷蔵庫で保存する。リヨネーズはさまざまなソースのベースとして使える。ここではみじん切りのトリュフを混ぜた。

もも

鶏もも肉のコンフィ
Confit

コンフィは脂漬けの保存食。焼いて食べるだけでなく、脂の中に漬けて1ヵ月くらい熟成させると、味のアクセントとなるので調味料のように利用できる。肉をほぐして煮込みに入れたり、ソーセージなどにも混ぜ込んで用いる。ラードなどの固形脂とオリーブ油などの液状油（リキッドオイル）を合わせた油は、フォワグラや鴨などさまざまなコンフィをつくるさいに、何度かくり返し使っているうちに、いろいろな味、旨みが流出してくる。と同時に塩分も濃くなってくるので、この油の味によって鶏にふる塩の分量を加減する必要がある。

鶏モモ肉（骨つき）　1枚
塩　肉の重量の1〜1.2％
ラード、リキッドオイル　適量
（ラード2：リキッドオイル1）
ソース・リヨネーズ（→87頁）
ポンムスフレ

＊リキッドオイルはオリーブ油など液状の油のこと。リキッドオイルを加えると、冷えて固まったときでもカチカチにならないので、肉の形をくずさずに取り出すことができる。

＊ポンムスフレ：ジャガイモの皮をむきながら卵のような楕円形に形を整える。これを1.5mm厚さの薄切りにし、包丁で周りを切って楕円形に形を整える。鍋にたっぷりの油を入れて170℃に熱し、ジャガイモを入れて前後にゆすりながら火を入れる。フライパンに1〜2cmほど油を入れ、高温に熱し、先のジャガイモを入れると温度差でポンと膨らむ。少し温度を下げてこんがりとしたキツネ色になるまで揚げる。

料理／谷　昇

1 骨つきの鶏モモ肉を用意する。骨を除いたモモ肉でも同じ要領でコンフィをつくることができる。

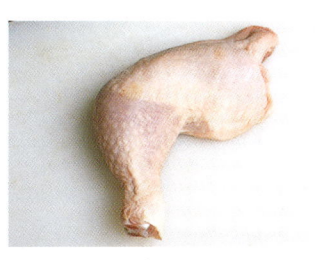

2 肉側を上に向け、脂肪の筋(写真で白い膜のように見える部分)よりも少しスネ寄り(下)のところで真下に切る。ちょうど関節で切り分けることができる。

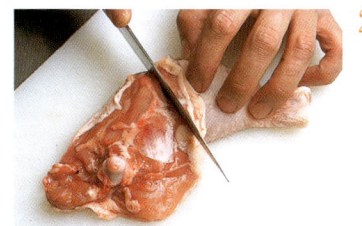

3 切り分けたモモ肉。

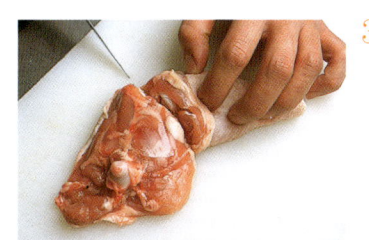

4 足先の周りに包丁を入れて皮と数本のけんを切る。切っておくと加熱したときにきれいに肉が分かれる。

5 塩をふる。皮側は多めに、肉側はやや少なくふる。

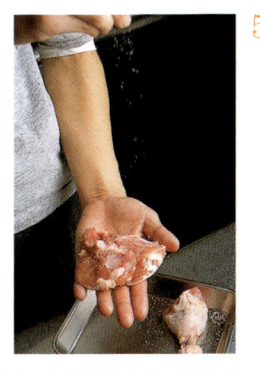

6 しっかりとすり込む。

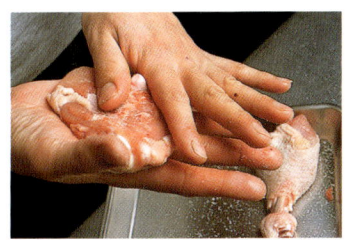

7 このまま一晩おく。

8 鍋にリキッドオイルとラードを入れて、塩漬けした肉を入れて火にかけ、80〜85℃を保って最低1時間煮る。100℃以上に上がると肉がパサついてしまうので、温度管理が重要。

9 肉を取り出す。保存する場合は、肉を入れたまま粗熱をとり、密封容器に移して冷蔵庫保存する。

10 フライパンを熱し、取り出した肉を皮側から焼いて、こんがりと焼き色をつける。

11 焼き皿に移し、180℃に熱したオーブンに入れて15分程度焼く。コンフィを盛り、ソース・リヨネーズをかけ、ポンムスフレを添える。

もも

鶏もも肉のソテー

Cuisse de poulet sautée sauce homard

骨つきモモ肉を、オーブンに入れずにフライパンのみで焼き上げる方法を解説する。10分焼いたら火から下ろして休ませ、ふたたび10分焼く。これをくり返して火を入れていく。こうするとおいしい肉汁があまり流出することなくジューシーに焼き上げることができる。

鶏モモ肉(骨つき)　2枚
塩　適量
ピュアオリーブ油　適量
バター　適量
オマールエビ　1尾
塩、小麦粉　各適量
オマールエビのソース　適量
　┌オマールの殻　1尾分
　│コニャック　50mℓ
　│ドライベルモット　50mℓ
　│フュメ・ド・ポワソン　1リットル
　│バター　15g
　└塩　適量

＊オマールエビのソース：91頁の11で取り出した殻を鍋に入れ(油も酒も入れない)、乾かすようにゆっくりエビの香りが立つまで炒める。決してこがさないように注意する。よい香りが立ったらコニャック、ドライベルモット、フュメ・ド・ポワソンを加えて1時間煮て漉す。さらに充分に煮詰めたのち、塩で味を調え、バターを溶かし込んでソースに濃度をつける。
＊ドライベルモットはノイリープラという銘柄を使用。

料理／谷　昇

モモ肉をソテーする

1 鶏モモ肉は元と先では肉質の違いがあるので、関節で2つに切り分ける。肉側を上に向け、脂肪の筋(白い薄膜)より(下)少しスネ寄りのところで真下に切ると、きれいに関節で切り分けることができる。

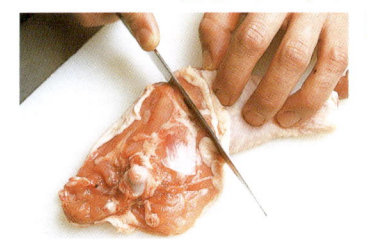

2 足先の周囲に包丁を入れて、数本のけんを切る。切っておくと加熱したときに、きれいに肉が分かれる。

3 塩をふって冷蔵庫に入れて一晩おく。時間がないときは塩をふって肉からドリップがにじんでくるまでしばらくおく。

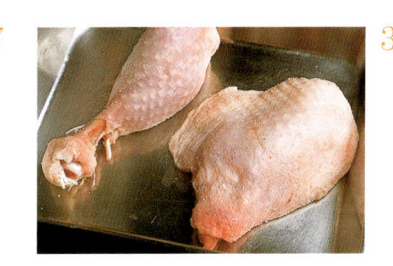

4 フライパンにピュアオリーブ油をひき、モモ肉を肉側から焼く。皮側から先に焼くと、身がそってしまうので肉側から。

5 骨つきのドラムもフライパンのみで焼き上げていくので、こげないよう、こまめに肉を動かして、均等に熱を入れる。10分焼いたら1度火から下ろして休ませる。これをくり返しながら焼いていく。

6 途中で油をかけながら焼く。焼き色をつけるのではなく、焼いているうちに色がついたという感じでソテーする。

7 肉全体がふっくらとして、おいしそうな焼き色がついてきたら、弱火にして焼き上げる。ドラムのほうが火が入りにくい。ここまで焼いたら仕込みは終わり。提供直前にもう一度フライパンで焼いて、バターをからませる。

オマールエビ

8 オマールエビをさばく。胴は2関節ごとに切り、肉を取り出しやすいように腹膜の両側をハサミで切っておく。

9 ツメは包丁の腹で叩いて割れ目を入れる。

10 切り分けたオマール。殻や脚、頭部(コライユは別にしておく)は小さく切ってソース用に使う。

11 鍋に水をたっぷり入れて沸騰させ、殻とツメを入れて1分半ほど煮て、ザルに取り出す。

12 オマールの肉側に塩をふり、小麦粉をまぶす。フライパンに油を引いて、切り口をじっくりと焼く。ツメもフライパンで焼いて温める。

13 鶏モモ肉とオマールを盛り合わせ、オマールエビのソースをかける。

鶏の赤ワイン煮 コックオヴァン
Coq au vin

モモ肉を赤ワインで煮た伝統的な料理。甘みをつけたくないので、ミルポワは玉ネギやニンジンを用いず、ニンニクのみを使って煮込んだ。また本来この料理は小麦粉を加えて粘性をつけて肉を軟らかく煮ていたものだが、ソースがにごるので小麦粉を使わず、最初からフォンドヴォーを加えて煮ている。

鶏モモ肉(骨つき)　3枚
赤ワイン　800mℓ
(マリネ用400mℓ、煮込み用400mℓ)
ピュアオリーブ油　適量
バター　適量
ニンニク　3かけ
フォンドヴォー　100mℓ
マッシュルーム　12個
ベーコン　30g
パセリ(みじん切り)　適量

＊ニンニクの皮はむかない。皮を残すことで、ニンニクの香りがやわらぐ。

料理／谷 昇

1. 鶏モモ肉は骨つきを用意する。

2. 肉側を上に向け、脂肪の筋(写真で白い膜のように見える部分)より少しスネ寄り(下)のところで真下に切り落とす。

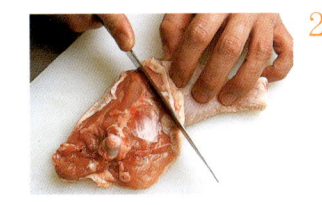

3. 関節できれいに切り分けることができる。

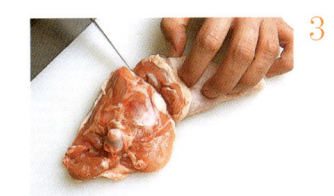

4. 切り分けたモモ肉。

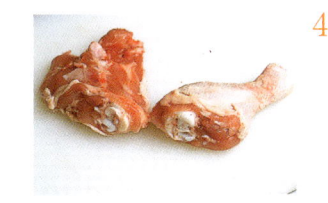

5. 足先の周囲に包丁を入れて皮と数本のけんを切っておくと、加熱したときにきれいに肉が分かれる。

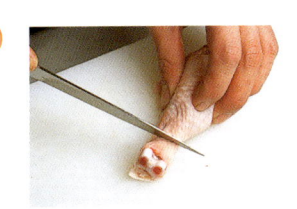

6. けんを切ったところ。

7. 大きいビニール袋を用意し、モモ肉を入れ、赤ワイン400mlを注いで空気を抜いておく。

8. 12時間マリネしてザルに取り出し、汁気を切る。

9. 肉に塩を強めにふる。

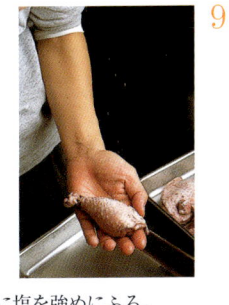

10. 8で残った赤ワイン。

11. これをシノワで漉して火にかけ、アクをひく。

12. フライパンにピュアオリーブ油を引いて、9のモモ肉を完全に焼き切るような感じで焼く。火加減はそんなに強くない。

13. 鶏から脂が出てきて油量がふえたら油を捨てる。捨てたらバターを加える。薄皮をつけたままのニンニクを入れる。

14. しっかりと焼く。焼き時間は20分程度が目安。そのまま食べてもおいしい状態までしっかり焼く。煮ると半分くらいに色が浅くなるので、よく焼き色をつける。

15. 鍋に移して11のマリナード液を注ぎ、完全にかぶるくらい新しい赤ワインを足す(400ml程度)。

16. 濃度をつけるために最初からフォンドヴォーを加えて煮る。

17. アクが浮いてきたら火を弱めて取り除く。

18. 30分煮た状態。

19. シノワで漉す。煮汁はさらに煮詰めて、こがしバターを加えて濃度をつける。

20. 肉を煮詰めた煮汁(ソース)に戻し、温める。軽くバターでソテーしたマッシュルーム、ベーコン、パセリを入れてさっと温めて盛りつける。

胸

胸肉骨つきロースト
Coffre ou suprême sauté
コフル ウ シュプレーム ソテ

ムネ肉は骨つきで焼くと肉の縮みが少なく、ジューシーに焼き上げることができる。また塩をふったらすぐに焼かずに時間をおくことで、ドリップが多少出てくる。このドリップにはたんぱく質が含まれている。これをふき取らずにフライパンで焼くと、低温でもすぐに白く固まるので肉の旨みが流出しにくくなる。

鶏ムネ肉(骨つき)　1枚
ピュアオリーブ油　適量
バター　少量
ソース・トリュフ　適量
　┌ブランデー　少量
　│ソース・リヨネーズ(→87頁)　適量
　│トリュフ(みじん切り)　適量
　│塩、コショウ　各少量
　└バター　10g
ホワイトアスパラガスのソテー

＊ソース・トリュフ：ブランデーを鏡状になるまで煮詰め、ソース・リヨネーズを加え、トリュフ、塩、コショウを加え、仕上げにこがしバターを入れて切れのよい風味と濃度をつける。
＊ホワイトアスパラガスのソテー：皮をピーラーでむく。むいた皮を水(塩とアスコルビン酸を加えた水)からゆでる。ここに皮をむいたアスパラを入れて3～5分間ゆでる。そのままおいて冷ます。これを適当な長さに切りそろえ、オリーブ油で炒め、塩をふって味を調える。

料理／谷　昇

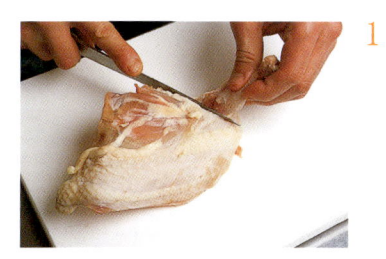

1. 鶏ムネ肉から手羽元を関節で切り外す。ムネ肉は31頁・18〜30に従って骨をつけたまま切り分けたもの。

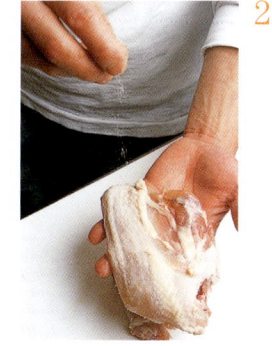

2. ムネ肉と手羽元に塩をして、肉からドリップがにじんでくるまでしばらくおく。

3. ピュアオリーブ油をひいたフライパンにムネ肉を入れて火にかける。熱したフライパンに入れるとすぐにこげてしまうので、最初は必ず低温から焼き始めること。皮側から焼く。手羽元も同じ要領で別のフライパンで焼き始める。

4. つねに肉の下に油がひいてある状態を保つため、フライパンを傾けて、肉の下に油を流し込む。

5. 油をかけて肉の上面に少し火を入れる。

6. 焼き色がついたらバターを入れる。

7. くり返し油をかけながら風味をつける。

8. 裏返ししてさらに油をかけまわす。次第に焼き色がついてくる。

9. 一番身が厚い部分を押してみて、肉の弾力で焼き上がりを判断する。フライパンから取り出し、焼き時間と同じ時間おいて、肉汁を落ち着かせる。

10. 別のフライパンで焼き上げた手羽元。ホワイトアスパラガスのソテーを盛り、ソース・トリュフを流し、ムネ肉と手羽元を盛り合わせる。

カツレツ

Pané à l'anglaise
(パネ アラングレーズ)

フランス料理では目の細かいパン粉をまぶし、肉の半分の高さの油量で揚げ焼きして、途中でバターを加えて仕上げるコートレットが一般的だが、ここでは粗めに挽いた生パン粉をつけて、たっぷりの油で揚げる洋食風チキンカツを紹介する。

料理／谷 昇

材料

鶏ムネ肉　1枚
塩　少量
強力粉　適量
卵　1個
生パン粉　適量
サラダ油　適量
キャベツ(せん切り)　適量
ソース・ヴィネグレット　適量
　オリーブ油　400㎖
　白ワイン酢　100㎖
　フレンチマスタード　小さじ1
　塩　2〜3g
バルサミコ酢　適量

＊キャベツはせん切りにし、ソース・ヴィネグレットで和えたもの。ソース・ヴィネグレットは材料をすべて合わせて、よく撹拌してつくる。

作り方

1. 手羽元を切り外した鶏ムネ肉を用意する。33〜34頁に従って、骨をつけずにムネ肉を切り分ける。

2. 肉の繊維を数ヵ所で切り、熱の通りを均一にし、縮みを防ぐ。

3. まんべんなく塩をふる。

4. 強力粉をふる(切り目の中にもきちんとまぶしつける)。

5. 溶き卵にくぐらせて余分な卵液を切る。

6. 生パン粉を軽く押さえてつける。

7. 生パン粉をまぶしたムネ肉。

8. サラダ油を170℃に熱して、皮を下に向けて鍋に入れる。

9. 肉の上面に半分くらい火が通ったら裏返す。

10. こんがりとおいしそうな色に揚がったら、取り出してしっかりと油を切る。キャベツを敷き、一口大に切り分けたカツレツを盛る。半量まで煮詰めたバルサミコ酢を上からかける。

鶏胸肉のポシェ フォワグラ和え
Mêler chaud et froid de suprême à purée de foie gras

ムネ肉は筋繊維の質が違う2つの部分がある。必ずこれを切り分けてから使う。あっさりしたムネ肉に濃厚なフォワグラを合わせて前菜の一品に仕上げた。ムネ肉のかわりにササミ肉でもよい。和えるソースやピュレなどを変えることで料理の幅が広がる。

料理／谷 昇

鶏ムネ肉　1/2枚
フォワグラのテリーヌ（裏漉し）　40g
オリーブ油　40mℓ
塩、コショウ　各少量
そら豆　適量
トリュフ（せん切り）　適量
チャービル

1 鶏ムネ肉は繊維の交差するところで切り分け、肉から皮を外す。

2 分けたムネ肉と皮。

3 湯をグラグラと沸かし、塩一つまみを加えて、ムネ肉を入れる。

4 表面が白く固まったら、すぐに水にとって、これ以上火が通らないように冷ます。中は半生状態。

5 粗熱がとれたら水気をふいて、繊維を断ち切るようにそぎ切りにする。

6 皮の素揚げをつくる。皮は脂がついている側を下にして、油をひかない冷たいフライパンの上に広げる。

7 焼き皿を数枚重ねて乗せて丸まらないようにプレスする。ごく弱い火で焼き、皮から出る油で焼き揚げのような状態で仕上げる。途中で裏返しする。

8 素揚げした皮。

9 フォワグラのテリーヌの裏漉しとオリーブ油を練り合わせ、塩、コショウを混ぜ合わせ、5とゆがいたそら豆を入れて和えて盛りつける。トリュフとチャービルを散らし、皮を添える。

蒸し鶏の葱生姜ソースがけ
白切鶏(パイヂェヂイ)

料理名の通りに白くしっとりと仕上げるために大切なのは、蒸す前に塩でよくもむこと、そしてスープにつけて蒸し上げ、スープの中につけて冷まして味を含ませること。たれを変えるとさまざまなバリエーションが楽しめる。ここで使った葱生姜ソースは冷奴などにも合う応用範囲が広いソース。

鶏の下処理

1. 鶏の表面に塩をたっぷりとふってよくもむと、皮のぬめりや汚れがとれて白くなる。

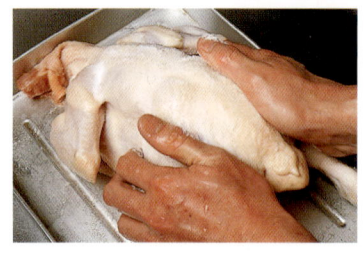

2. 水洗いして塩を落とす。

鶏(中抜き)　1羽(1.8〜2kg)
鶏湯(→41頁)　2.5リットル
長ネギ(白い部分)　1本
ショウガ(薄切り)　1個
花椒　大さじ1
塩　大さじ2
葱生姜ソース
　白絞油　30㎖
　長ネギ(白い部分のみじん切り)　1本
　ショウガ(みじん切り)　1個
　沙姜粉　小さじ1
　塩、コショウ　各適量
香菜

＊葱生姜ソースに使用した白絞油は、高温に熱して長ネギ、ショウガ、花椒を入れて香りをつけたもの。2週間くらい日持ちする。
＊沙姜粉はジンジャーパウダーのこと。

料理／出口喜和

一羽

さばく

3 1羽を丸のまま調理する場合、見映えに影響しなければ、熱の通りをよくするために、背に包丁目を1本入れるとよい。

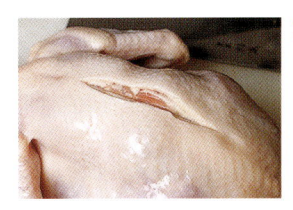

4 熱湯に鶏全体をまんべんなくくぐらせる。

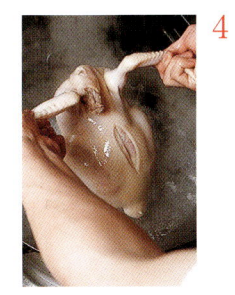

5 皮がピンと張った状態。この下処理をすることで、形が整い、仕上がりの色とつやがよくなる。

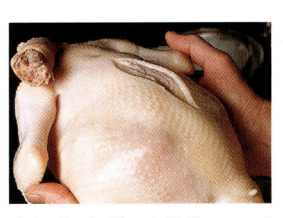

スープで蒸す

6 丸鶏がすっぽりと入るくらいのボウルに鶏を入れ、熱した鶏湯を注ぎ、長ネギ、ショウガ、花椒、塩を入れて、ラップフィルムをかけて45分間ほど蒸す。

7 蒸し終えたら、このまま冷ます。

さばく

8 鶏をスープから取り出してさばく。背側を上に向けて、尻のほうに切り目を入れる。

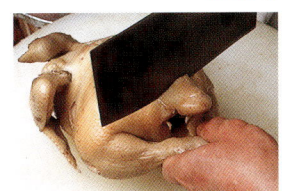

9 モモのつけ根の上のほうにも切り目を入れる。

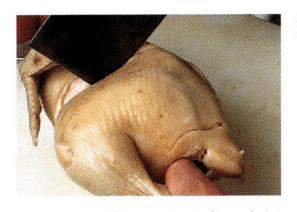

10 背側に入れた2本の包丁目。

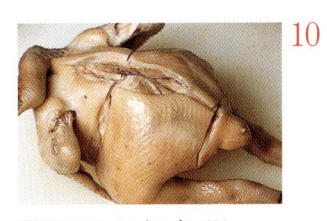

11 ムネ側を上に向け、モモの周りに包丁を入れる。

12 両モモに入れた包丁目。

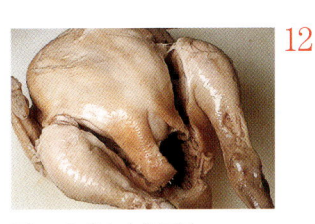

13 モモを持って外側に開くようにして外す。もう一方のモモも同様にして外す。

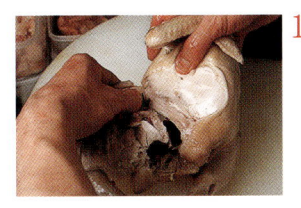

14 手羽中のつけ根に包丁を入れて手羽中から先を切り外す。もう一方の手羽も同様にして外す。

15 ムネ側に、頭からY字に切り目を入れておく。

16 切り目から胸骨に沿って包丁を深めに入れて切り離す。

17 手羽元の関節に包丁を入れて切り外す。

18 ササミは残したまま、ムネ肉を開いて外す。もう一方のムネ肉も16〜17と同様に包丁を入れる。ササミは残したまま、ムネ肉を外す。

19 ササミを手で外す(2本とも)。

20 さばいた蒸し鶏。モモ肉2本、ムネ肉2枚(手羽元つき)、手羽先(手羽中と手羽先)2本、ササミ2本。

切り分ける

21 ムネ肉をぶつ切りにする。

22 モモ肉は包丁の刃元で骨とともに叩き切る。盛りつけて葱生姜ソースをかけて香菜を添える。

骨つき若鶏の唐揚げ
軟炸鶏(ロヌザァヂィ)

モモ肉などの火が通りにくい部位は骨に沿って切り目を入れたり、大きさをそろえて切るなど、火の通り方をそろえる工夫をすること。またカリッと揚げるためには、油の温度を120℃からはじめて徐々に火を強め、140〜150℃で完全に火を通し、最後は高温にして、衣と肉にしみ込んでいる油を抜いて仕上げるとよい。添えた野菜ソースは、このほか春巻きなどの揚げ物、牛すね肉や牛タンの塩ゆでなどの冷前菜などに合う。

鶏(中抜き)　1羽(1.2kg)
合せ調味料
　┌老酒　30mℓ
　│おろしニンニク　大さじ1
　│塩　小さじ0.5
　└白コショウ　少量
衣
　┌卵　1/2個
　│片栗粉　大さじ5
　│水溶き片栗粉(濃いめ)　ふたつかみ
　└白絞油　30mℓ
野菜ソース
　┌チンゲン菜の葉　1/2株
　│ター菜の葉　1/2株
　│塩　小さじ0.5
　│オリーブ油　野菜と同量
　└ネギ油　野菜と同量
花椒塩
香菜

＊丸鶏はたっぷりの塩で表面をもんで水洗いしておく(→100頁・鶏の下処理)。
＊野菜ソース:チンゲン菜、ター菜の緑の葉の部分を塩ゆでして冷水にとり、水気を絞って、ほかの調味料とともにミキサーにかけてペースト状にしたもの。

料理／出口喜和

切り分ける

1. 鶏の背側を上に向け、ボン(尻)の両側に包丁を入れる。
2. 首ヅルに向かって背骨(胸椎)の両側に包丁を入れる。
3. 首ヅルまで切り取る。
4. 切り開いた鶏と切り取った背骨と首ヅル。
5. 血合いなどを洗う。
6. 切り開いた鶏を半割りにする。
7. 半分に切り分けた鶏。
8. 半身をさらに2つに切る。皮を上に向け、鎖骨の真中に包丁の刃元を入れる。
9. ここからムネ肉を切り、モモまで叩き切る。
10. 2つに切り分けた半身。
11. モモ肉の骨に沿って両側に包丁目を2本入れる。
12. 火の通りをよくするため、骨が見えるくらい充分開いておく。
13. 皮を上に向けて、包丁の刃元を使って5〜6等分に切り分ける。
14. もう半分は、手羽先、手羽元を切り落とし、ムネ部分を4等分に切る。
15. 切り分けた鶏をボウルに入れ、合せ調味料を混ぜ合わせ、10〜20分間おいて味をなじませる。

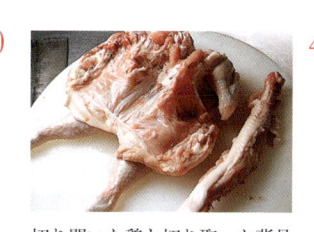

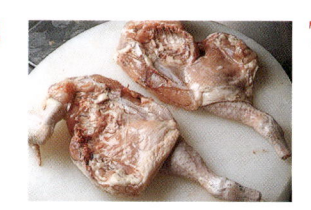

揚げる

16. ここに卵、片栗粉、濃いめの水溶き片栗粉を入れてよく混ぜる。衣は厚めにしっかりつける。
17. 白絞油を加えて肉をコーティングして、揚げ油の中で肉同士がくっつかないようにする。
18. 120〜130℃に熱した油に入れる。ほとんど気泡は生じず、音も静か。
19. じっくりと火を通す。
20. 徐々に火を強くして140〜150℃まで温度を上げて肉に完全に火を通す。
21. 最後は高温にして油切れをよくし、油を切る。盛りつけて香菜を飾る。野菜ソースと花椒塩を別に添える。

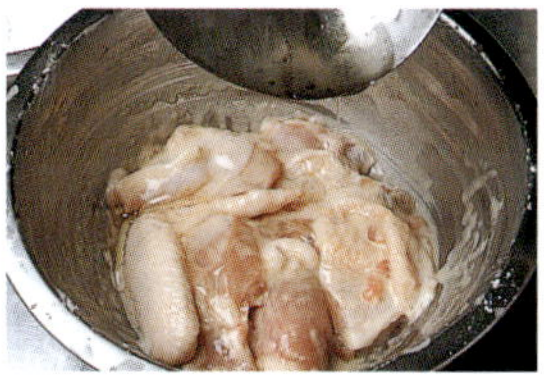

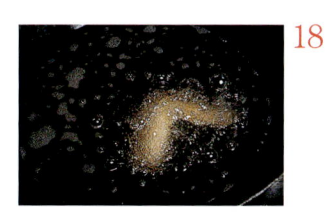

一羽

丸鶏の香り揚げ香味醤油ソース
油淋全鶏(ユウリンゼェンディ)

パリッとおいしそうな焼き色をつけるためには、最初に鶏の表面を塩でよくもみ、熱湯にくぐらせて皮をピンと張らせて、エバミルクや水で溶かした水飴などを表面にまんべんなくぬり込むこと。ぬりムラがあると焼き色にムラが出てしまう。丸のまま揚げるので、部位によって火が通りにくい部分がある。均等に火が入るように油をかけて加熱する。最後は余熱で火を完全に入れるとよい。

揚げる

1　エバミルクが乾くまで、この状態で鶏を吊るしておく。

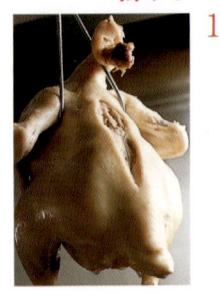

2　最初は150℃に熱した油をかける。徐々に油温を上げて、180℃まで温度を上げる。

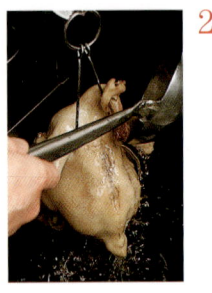

鶏(中抜き)　1羽(1.8〜2kg)
エバミルク　適量
香味醤油ソース
　長ネギ(みじん切り)　1/2本
　ショウガ(みじん切り)　1/2個
　ニンニク(みじん切り)　2かけ
　酢　45mℓ
　黒酢　45mℓ
　ゴマ油　15mℓ
　老酒　15mℓ
　鶏湯(→41頁)　90mℓ
　濃口醤油　9mℓ
　砂糖　大さじ3
香菜

＊鶏はたっぷりの塩で表面をもんで、水洗いし、熱湯にくぐらせて皮をピンと張らせておく(→100頁・鶏の下処理)。水にとって冷まし、表面の水気をよくふき取る。手羽の関節にフックにかけて吊るし、乾いたらエバミルクをまんべんなく表面にぬって25〜30分おいて乾かす。

＊香味醤油ソース:鍋を油ならしし、ゴマ油を入れて長ネギ、ショウガ、ニンニクを炒め、そのほかの調味料を入れて仕上げる。熱いうちに鶏にかける。

料理／出口喜和

さばく

3 表裏にまんべんなくかける。

4 ある程度焼き色がついて、表面が固まってきたら、鍋の中に金網を入れて鶏を乗せ、油をかけまわす。中に入った油が飛んでくるので尻は向うにしたほうがよい。

5 ムネ側も同じようにして油をかける。モモ肉はムネ肉よりも火が通りにくいので、モモのつけ根など充分に火を通す。

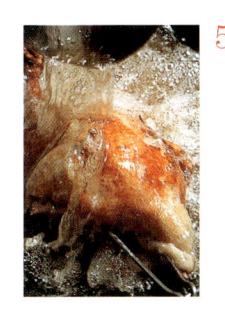

6 まんべんなく香ばしい焼き色がつき、油の気泡が小さくなってきたら鶏に七分程度まで火が通った目安。取り出して、余熱で完全に火を入れる。

7 手羽元のつけ根の関節で手羽を切り外す。熱いので注意して作業する。

8 もう一方の手羽も同様に切り外す。

9 モモのつけ根に包丁を入れる。

10 手でモモを外側に開いてモモ肉の関節を外す。

11 もう一方のモモのつけ根にも包丁を入れる。

12 手で外側に開くように傾けてモモ肉の関節を外す。

13 鶏を立ててムネ側と背側を切り分ける。

14 手羽2本、モモ肉2本、背側、ムネ側各1にさばいた。

切り分けと盛りつけ

15 背側を5～6切れに切り分けて皿の中央に盛る。鶏の元の形を復元するように盛りつける。

16 モモ肉は4～5切れに切り分けて背の両脇に盛る。

17 首ヅルを添えて盛りつける。

18 手羽は食べやすいように骨に沿って切り目を入れておく。

19 手羽は首ヅルの両脇に盛る。

20 最後にムネ肉を7～8切れに切り分ける。

21 背側の肉の上にかぶせるようにしてムネ肉を盛りつける。上から熱い香味醤油ソースをかけて、香菜を添える。

丸鶏のいぶし焼き
米燻鶏
<small>ミイシュンヂィ</small>

鶏の簡単燻製。通常燻製は塩漬けしたあとで塩分調製のために塩抜きをするが、ここでは老湯の中で短時間煮て燻製にかけた。長期保存目的ではなく、燻煙香を楽しむための方法。色づけにはザラメ糖のかわりに精白米を用いているので、香りと香りの広がり方がザラメとは一味違う。モモ肉やムネ肉、レバーなどの単一の部位でも同じ要領で燻製にすることができる。冷蔵庫で4〜5日間日持ち可能。

一羽

料理／出口喜和

下処理

1 湯を熱し、鶏をくぐらせる。

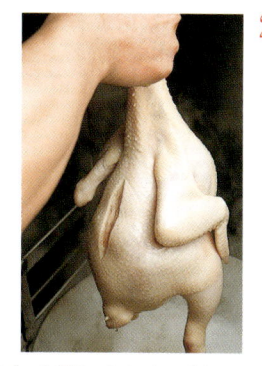

2 皮がピンと張り、色と味の乗りがよくなる。

3 鶏湯を沸かして鶏を入れ、15分煮る。

4 さらにぶつ切りの長ネギとショウガを入れた老湯で30〜35分煮たのち、フックにかけて汁気を切る。

燻煙する

5 鍋にアルミ箔を敷いて、燻製用の桜チップ、龍井茶、米を入れて網を乗せる。

6 強火にかけて、煙が立ちのぼってきたら、4の鶏を乗せる。

7 鶏がすっぽり入るボウルをかぶせて、25分ほど燻す。火加減は中火。

8 色つやと香りがついたら、表面が乾かないようにゴマ油を全体にぬって冷ます。切り分けて前菜などに供する。

鶏(中抜き)　1羽(1.8kg)
鶏湯(→41頁)　3リットル
老湯　3リットル
長ネギ(ぶつ切り)　1/2本
ショウガ(薄切り)　1個
燻製用
　桜チップ　70g
　龍井茶　10g
　精白米　45mℓ
ゴマ油　適量

＊老湯：ルウ水のこと。八角、山椒、桂皮などの香料を入れて老酒、醤油、ザラメ糖で味をつけたスープ。

＊鶏の表面に塩をたっぷりとふってよくもんで、皮のぬめりや汚れをとり、水洗いして塩を落としておく。背に切り目を1本入れておく(→100頁・鶏の下処理)。

切り分けた盛りつけ例。

もも

鶏もも肉の甘辛煮山東風
山東干焼鶏
サントン ガンシャオヂィ

モモ肉を揚げることで周りがコーティングされ、長時間煮込んでもくずれない。山東風とは中国山東省でよく使われる高菜漬けや雪菜漬けなどを使った料理につけられる。またカラメル状にこがしたり、背脂を加えるのも山東風の特徴。濃厚なこくが出る。

料理／出口喜和

下処理

1 鶏モモ肉は厚さをそろえるために切り開く。

2 切り開いたモモ肉。

3 包丁の刃元で筋を数カ所切って、4等分にする。

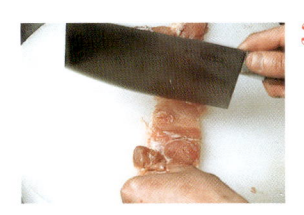

4 ボウルに下味の材料を合わせ、3の鶏を入れて混ぜ、味をつける。

揚げる

5 鍋に油を入れて200℃に熱し、4の鶏を入れて表面を揚げる。

6 この程度に色づくまで揚げて、別の鍋に入れる。

7 熱した鶏湯(→41頁・分量外)を注いで、油抜きをする。

炒めて煮る

8 そのほかの材料を写真のように切りそろえて用意する。

9 鍋を油ならしして、油を入れ、長ネギ、ショウガ、ニンニク、赤唐辛子、八角を入れて炒める。

10 香りが立ったら高菜漬けを入れてさらに炒め、火から下ろしておく。

11 別鍋に分量の白絞油、砂糖を入れて火にかける。

12 こげる寸前で老酒、塩、氷、黒酢、白酢を入れてカラメルをつくる。

13 ここに10を入れて再び火にかける。

14 豚背脂を入れる。

15 沸いたら鍋をかえて7のモモ肉を入れて弱火で35〜40分煮る。肉を取り出し、さらに煮汁を煮詰める。

＊15でかえた鍋は煮込み用の白鍋。黒鍋を使うとこげが混じって料理が黒くなってしまう恐れがあるので、鍋をかえた。

鶏モモ肉　1枚
下味
　老酒　5mℓ
　濃口醤油　15mℓ
　コショウ　少量
長ネギ(斜め切り)　½本
ショウガ(薄切り)　1個
ニンニク(乱切り)　3かけ
高菜漬け(ざく切り)　20g
赤唐辛子　5g
八角　1個
豚背脂(みじん切り)　50g
白絞油　45mℓ
砂糖　大さじ5
老酒　70mℓ
塩　小さじ1
氷　120mℓ
黒酢　45mℓ
白酢　45mℓ

もも

鶏もも肉の煎り焼き蒸し
煎蒸鶏(チェンヅェンヂィ)

ふんわりとした卵の衣をつけて鶏モモ肉のジューシーさを閉じ込めて煎り焼きし、スープでふんわり蒸し上げたやさしい料理。煎り焼きすることで香ばしさも加わる。鶏以外でも白身魚など1尾丸ごと煎り焼き蒸しにできる。

鶏モモ肉　1枚
塩、コショウ　各適量
薄力粉、卵　各適量
長ネギ(斜め切り)　1/2本
ショウガ(薄切り)　1/2個
老酒　40㎖
鶏湯(→41頁)　120㎖
塩　小さじ0.5
水溶き片栗粉　適量
鶏油　少量
青ネギ(斜め薄切り)

料理／出口喜和

下処理・衣づけ

1 鶏モモ肉は厚さをそろえるために切り開く。

2 包丁の刃元で筋を数カ所切る。

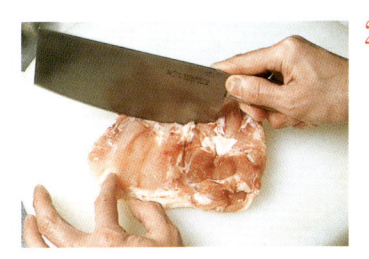

3 肉側に塩、コショウをふる。

4 全体に薄力粉をまぶす。

5 余分な粉をはたいて、溶き卵にくぐらせる。

煎り焼き

6 油ならしをした鍋に油を入れて、5を皮側から焼く。最初は弱火。

7 くっつかないように鍋を回しながら、次第に強火にして焼く。

8 裏返して同様に焼く。

蒸す

9 皿に8を入れ、長ネギ、ショウガ、老酒、鶏湯、塩を入れてラップフィルムをかけて10〜15分蒸す。

10 蒸し上がり。モモ肉を8〜10等分に切り分けて盛りつける。蒸し汁に鶏湯適量（分量外）を足して熱し、水溶き片栗粉でゆるめのとろみをつける。最後に鶏油をたらして香りをつけて餡とし、モモ肉にかける。青ネギを添える。

鶏すり身のおぼろ豆腐スープ

鶏豆花
ヂィドウファ

ムネ肉をすり身にし、卵白と混ぜた芙蓉鶏のスープ版。筋や薄膜などをていねいに取り除くことがなめらかな食感づくりには大事。よりなめらかに仕上げるためにミキサーを使用した。

料理／出口喜和

おぼろ豆腐スープ / すり身

材料
- 鶏ムネ肉　200g
- 卵白　4個
- 水溶き片栗粉(濃いめ)　適量
- 塩　小さじ1
- コショウ　少量
- 鶏湯(→41頁)　120ml
- スープ用
  - 鶏湯(→41頁)　240ml
  - 塩　少量
- 金華ハム(みじん切り)　少量

すり身

1. 鶏ムネ肉の皮と筋を取り除く。

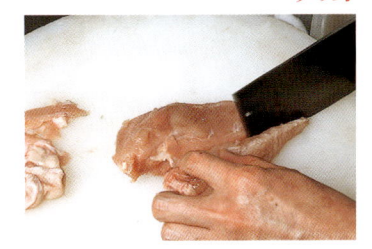

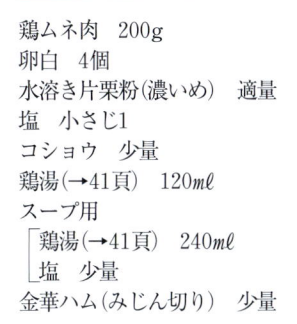

2. 肉の中に入っている筋は切り開いて除いておく。

3. 肉の表面の薄膜をそぎ取る。

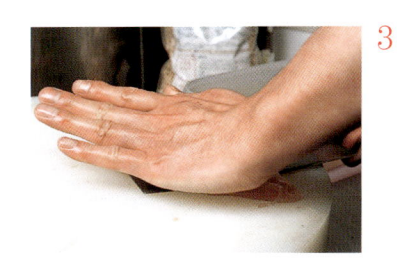

4. 包丁で細かく切って叩く。

5. 包丁の腹でねっとりとつぶす。

おぼろ豆腐スープ

6. 卵白を溶きほぐし、水溶き片栗粉、塩、コショウ、鶏湯を入れてよく混ぜる。

7. ここに5を加え、ミキサーにかける。この程度までなめらかに。

8. スープ用の鶏湯を塩で味つけして熱し、8を入れて全体を混ぜ合わせる。

9. 沸いたら弱火にして10分ほど煮る。

10. でき上がり。盛りつけてみじん切りの金華ハムをアクセントに散らす。

ささみ

鶏すり身の卵白炒め
芙蓉鶏
フウロヌディ

ねっとりとするまで叩いた鶏ササミと卵白を合わせ、ふんわりと炒めた料理。このほかにも鶏のすり身を使った料理がいくつかある。卵白を加えたすり身を薄焼き玉子のように薄く焼いて、花のように形づくったり、かためにのばしたすり身を団子にしてスープに浮かべたりする。

料理／出口喜和

すり身

1 鶏ササミ肉は細かく叩く。

2 包丁の腹でねっとりするまですりつぶす。

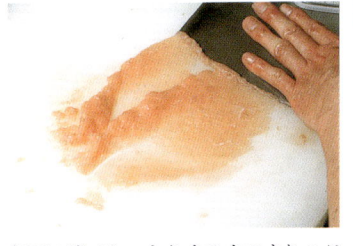

3 このくらいの状態までなめらかにする。

炒める

4 溶きほぐした卵白の中に鶏すり身を入れてよく混ぜる。

5 生クリーム、塩、ネギ油、片栗粉を加える。

6 充分混ぜておく。

7 40〜45℃に熱した油に 6 を一気に入れる。

8 ゆっくりと、静かに鍋肌をこするようにしてかき混ぜる。

9 ふんわりとふくれてきたら油を切る。

10 鍋に合せ調味料を入れて熱し、9 を入れて炒め合わせる。色をつけたくないので白鍋にかえた。ホウレン草、トマト、金針菜を添える。

鶏ササミ肉（またはムネ肉） 40g
卵白 7個分
生クリーム 60㎖
塩 小さじ1/3
ネギ油 30㎖
片栗粉 大さじ3
合せ調味料
　　老酒　15㎖
　　鶏湯（→41頁）　22㎖
　　塩　小さじ1
　　旨味調味料　少量
　　水溶き片栗粉　適量
トマト（小角切り）、金針菜、ホウレン草

＊金針菜は水を2回とりかえて戻してみじん切りに、ホウレン草はゆでておく。

砂肝・レバー

鶏砂肝と鶏レバーの揚げ物
炸鶏胗肝
_{ザァ ヂィヅェンガン}

砂肝やレバーなどの内臓は、ていねいな下処理と、適切な火の通し方がおいしくつくるコツ。とくにレバーは火を通しすぎるとかたく締まってしまうのだが、下ゆでしておかないと、揚げたとき血がにじんでくるので、下ゆではほどほどに。なお砂肝は好みで大きく使いたいときは2つに、小さめに使いたいときは4つに切り分ける。

料理／出口喜和

砂肝の下処理(2つに取る)

鶏砂肝　100g
鶏レバー　100g
鶏湯(→41頁)　適量
花椒塩

1 鶏砂肝はこぶを上に向ける。

2 1つずつ裏についている銀皮をそぎ取る。

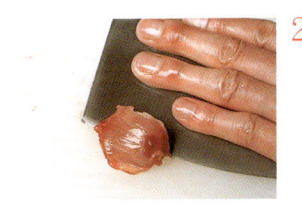

3 そぎ取った状態。

4 側面の皮もそぎ取る。もう1つも同様に。

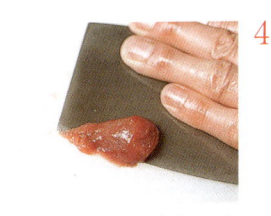

5 鶏湯を熱し、沸騰したら4の砂肝を入れる。

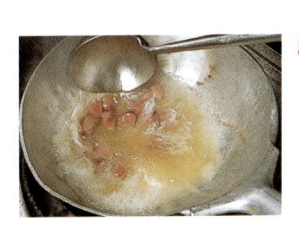

6 うっすらと血がにじむ程度で取り出して水気を切る。

レバーの下処理

7 鶏レバーを2つに切り分けて、筋を切り取る。

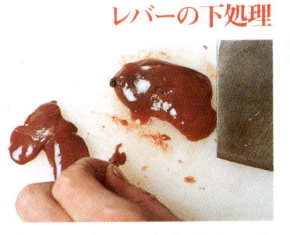

8 細かい包丁目を入れて、水で洗い、切り目から血合いを押し出して除く。薄膜なども取り除く。

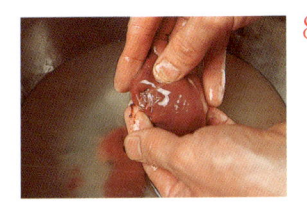

9 鶏湯を熱し、沸騰したら下処理したレバーを入れる。

10 うっすらと血がにじむ程度で取り出して水気を切る。

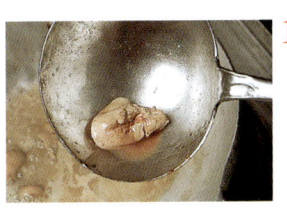

揚げる

11 180℃に熱した油で6の砂肝を揚げる。

12 170℃に熱した油で10のレバーを揚げる。

13 砂肝とレバーを取り出して一呼吸おいたら、高温に熱した油でカラリと揚げる。油を切って盛りつけ、花椒塩を添える。

ハツ

鶏心臓とピーナツの辛味炒め
宮保鶏心
(ゴンボウディシン)

ハツはシコシコとした歯ごたえが特徴。熱が入るとかたくなってしまうので切り開いて、細かく切り目を入れた。味もからみやすく乗りやすい。

料理／出口喜和

ハツの下処理

1 鶏ハツの端を切り落とす。

2 縦に包丁を入れて切り開く。

3 切り開いたら残っている端の脂を切り落とす。

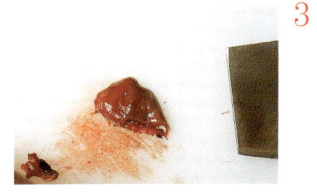

4 水洗いする。

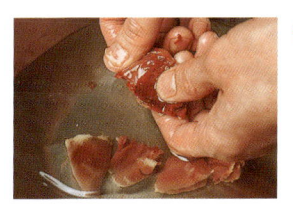

5 ハツの内側に細かい包丁目を入れる。

6 内側に格子状に切り目を入れたハツ。

下味

7 ボウルにハツを入れ、塩、コショウ、片栗粉を入れてよく混ぜる。

8 切り目の中まで入るようにしっかり混ぜる。ゴマ油を混ぜる。

炒める

9 油ならしをした鍋に熱した油に入れて、ハツを油通しする。ピーナツも同様に油通しする。

10 油ならしをした鍋に油を入れ、豆瓣醬、長ネギ、ショウガ、ニンニクを入れて炒める。

11 赤唐辛子を入れて炒め合わせる。

12 香りが出たら9を入れて炒め合わせる。

13 合せ調味料を入れて味を調える。

14 何回かあおって混ぜ、仕上げる。

鶏ハツ　300g
下味
　塩、コショウ　各適量
　片栗粉
　ゴマ油　適量
ピーナツ　40g
豆瓣醬　小さじ1
長ネギ(斜め切り)　1/2本
ショウガ(薄切り)　1/2個
ニンニク(薄切り)　1かけ
赤唐辛子　4〜5g
合せ調味料
　老酒　5mℓ
　濃口醬油　15mℓ
　鶏湯(→41頁)　30mℓ
　塩　少量
　中国醬油　少量
　ラー油　30mℓ
　水溶き片栗粉　適量

もみじ・レバー・胸

鶏足、鶏レバー、鶏胸肉のとろみ煮
扒三白(パアサンパイ)

とろとろのゼラチン質に富んだモミジとさっぱりしたムネ肉、こくのあるレバーと三者三様の持ち味を活かした料理。それぞれの部位は適切に下処理をして、おいしさを引き出したい。

料理／出口喜和

鶏の下処理

1 鶏モミジは下ゆでをして、骨を抜いておく(→23頁)。

2 鶏ムネ肉は皮をはいで、脂肪などを取り除く。

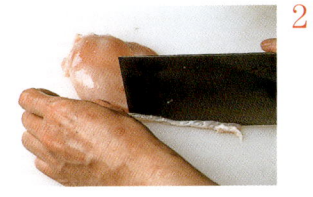

3 繊維が交差するところで縦半分に切る。

4 表面の薄皮を下に向けて置き、包丁で薄くそぎ取る。

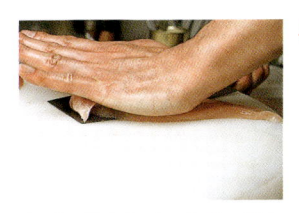

5 繊維に沿ってそぎ切りにする。

6 鶏レバーは半分に切って、筋や血合いを取り除き、そぎ切りにする。

湯通し

7 モミジに片栗粉をまぶし、熱湯でさっとゆでて水気を切る。

8 ムネ肉は塩、コショウ、片栗粉をまぶし、熱湯でゆで、八〜九分程度まで火を入れて水気を切る。

9 レバーは塩、コショウ、片栗粉をまぶし、熱湯でゆで、八〜九分程度まで火を入れて水気を切る。

炒める

10 油ならしをした鍋に油を入れて、ニンニク、ショウガを入れて香りを立てる。

11 合せ調味料を入れて熱する。

12 沸いたら、湯通ししたモミジとムネ肉とレバーを入れて炒め合わせる。

13 水溶き片栗粉でとろみをつけ、ネギ油で風味をつける。

14 鍋をあおって仕上げる。青ネギを添える。

鶏モミジ　200g
鶏ムネ肉　100g
鶏レバー　100g
塩、コショウ　各適量
片栗粉　適量
ニンニク(薄切り)　1かけ
ショウガ(薄切り)　½個
合せ調味料
　┌コショウ　少量
　│老酒　5mℓ
　│鶏湯(→41頁)　180mℓ
　│旨味調味料　少量
　└塩　小さじ⅓
水溶き片栗粉　適量
ネギ油　少量
青ネギ(斜め薄切り)

食鳥処理衛生管理者の資格を取得するには

　鶏肉のと体（内臓や頭部がついた丸と呼ばれる状態の鶏）をさばくには、食鳥処理衛生管理者の資格を取得しなければならない。
　厚生労働省の定める食鳥処理の事業の規制および食鳥検査に関する法律12条第5項によって、食鳥処理衛生管理者の資格要件が次のいずれかに該当する者であるように定められている。

①獣医師。
②学校教育法に基づく大学、旧大学令に基づく専門学校において獣医学または畜産学の課程を修了した者。
③厚生労働大臣の登録を受けた食鳥処理衛生管理者の養成施設において所定の課程を修了した者。
④学校教育法第47条に規定する者、または厚生労働省令で定めるところによりこれらの者と同等以上の学力があると認められる者で、食鳥処理の業務に3年以上従事し、かつ厚生労働省の登録を受けた講習会の課程を修了した者。

　ここでは飲食業従事者が最も取得しやすい④の資格取得についてに紹介する。講習会は、開催しようとする者からの申請によって（所轄の各地方厚生局へ直接申請する）、厚生労働大臣が登録し指定して開催されるものである。平成17年の事例を参考にあげてみる。

実施者……………………社団法人日本食品衛生協会事業部
　　　　　　　　　　　　全国食鳥販売生活衛生同業組合連合会
　　　　　　　　　　　　社団法人日本食鳥協会
実施会場と期間…………東京会場／平成17年3月19〜21日
　　　　　　　　　　　　大阪会場／平成17年3月23〜25日
　　　　　　　　　　　　沖縄会場／平成17年3月15〜17日
受講者数…………………300名程度
受講料……………………60,000円（次回開催については未定）

講習会の講習科目および時間数：公衆衛生概論（4時間以上）、食鳥検査法令（4時間以上）、家禽解剖・生理学（2時間以上）、家禽疾病学（6時間以上）、食鳥衛生学（6時間以上）、関連法令（2時間以上）など1日8時間コースを3日間ほど受講する。終了後、試験を実施。
　受講修了者には講習会主催者から登録講習会修了書が交付され、保健所へ届出することで資格が取得できる。なおこの資格は、更新の必要はない。

（厚生労働省公表の資料を編集）

食鳥処理衛生管理者資格取得講習会の問い合せ：
社団法人日本食品衛生協会事業部（東京都渋谷区神宮前2-6-1　TEL03-3403-2112）

第3章 創作・一品料理

鶏の基本料理技術を応用した創作料理集。鶏肉はくせがなく身近な素材なので、和・洋・中のジャンルにとらわれずに広く利用していただきたい。適切なさばき方、下処理ができるようになれば、アレンジはアイディア次第。今までとは、一味違った鶏料理をつくることができる。
この章は、もも、胸、ささみ、挽き肉、手羽・皮、内臓などの部位別の構成とした。
さまざまな部位を使ったオリジナリティあふれる料理が登場する。

もも

鶏もも肉の山椒くわ焼き
ホワイトアスパラ、黒キャベツ添え

蒸し鶏ロール

鶏龍田揚げ

鶏もも肉と帆立貝の胡麻和え

1 | 鶏の揚げ煮
2 | 鶏もものころころ煮
3 | 揚げ鶏と日本南瓜の煮合せ
　　牛蒡と菜花、スナップえんどう添え

鶏もも肉と帆立貝の胡麻和え

ゴマ和えにした野菜の味でモモ肉を食べていただくという料理。ここでは鶏を焼いたが、蒸し鶏でも応用できる。

鶏モモ肉　80g
ホタテ貝　4個
ゴマ油（太白）　適量
トマト（角切り）　適量
クレソン　適量
京菜　適量
ホウレン草　適量
サヤインゲン　3本
ゴマ和え衣　適量
[ゴマ和え衣
　黒ゴマ　300g
　砂糖　大さじ0.5
　淡口醤油　5ml
　だし　50ml
幽庵地　少量
[幽庵地
　濃口醤油　1
　日本酒　1
　ミリン　1
　ユズ（輪切り）　数枚
半ずりゴマ　少量

＊葉野菜類は、食べやすい大きさに切る。サヤインゲンは熱湯でさっとゆがいて適当な大きさに切る。
＊幽庵地：ミリンと日本酒は火にかけてアルコールを飛ばし（煮切る）、濃口醤油とユズの輪切りと合わせる。

1　鶏モモ肉は一口大に切り、ゴマ油でこんがりと焼く。
2　ホタテ貝は、フライパンにゴマ油を入れて熱し、強火で両面をさっと焼く。中は生の状態でよい。
3　ゴマ和え衣をつくる。煎った黒ゴマをよくすり、砂糖、淡口醤油で味をつけ、だしでのばして味を調える。
4　幽庵地を用意する。野菜を③のゴマ和え衣で和える。
5　ホタテ貝と鶏モモ肉を盛り、上に野菜のゴマ和えをこんもりと盛る。
6　幽庵地をたらし、半ずりゴマを周りに散らす。

（江﨑新太郎）

鶏の揚げ煮

中華風の煮物。中国料理では素材を油通しするが、ここでは揚げることで高温処理して、モモ肉のジューシーさを衣の内側にとじ込めた。

鶏モモ肉　300g
つけ汁
[つけ汁
　だし　200ml
　淡口醤油、日本酒　各20ml
　ゴマ油　数滴
卵　1個
からめ地
[片栗粉、水　各大さじ2
[からめ地
　だし　180ml
　濃口醤油、ミリン、日本酒　各20ml
　オイスターソース　10ml
　つぶした実山椒、砂糖　各小さじ1
マイタケ　1/2株
シシトウ　6本

＊マイタケは熱湯でゆで、八方だしで煮含める。

1　鶏モモ肉はそぎ切りにする。つけ汁の材料を合わせてモモ肉を30分間つける。
2　衣をつくる。卵を割りほぐし、片栗粉、水を加えて混ぜる。①に衣をつけ、170℃に熱した揚げ油でモモ肉を揚げる。串で穴をあけたシシトウを同じ油で素揚げにする。
3　鍋にからめ地の材料を合わせて熱し、揚げたモモ肉を入れて煮合わせる。最後にマイタケと素揚げのシシトウを入れて合わせる。

（江﨑新太郎）

もも

鶏もものころころ煮

鶏モモ肉はムネ肉に比べて火が通りにくい。完全に火が通るまで煮ると辛くなりすぎるので、小さめに切って短時間でジューシーに仕上げる。

鶏モモ肉　100g
ゴマ油(太白)　適量
合せだし　適量
[　ミリン　2
　だし　1
　濃口醤油　1
　日本酒　1.5　]
ワケギ(筒切り)　1/2本
ヤングコーン　2本
粉山椒　適量

＊ワケギとヤングコーンは、塩を入れた熱湯でさっとゆでておく。

1　鶏モモ肉は小さめの角切りにする。
2　鍋にゴマ油を入れ、モモ肉を炒める。肉に半分くらい火が通ったら、右記の割合で合せた合せだし適量を入れて5〜6分間煮る。仕上がる直前にゆがいたワケギとヤングコーンを入れて煮合せる。
3　器に盛りつけ、粉山椒をふる。

(江﨑新太郎)

もも

揚げ鶏と日本南瓜の煮合せ　牛蒡と菜花、スナップえんどう添え

油で揚げたモモ肉と、さっぱりした日本野菜を合わせた。とくに日本カボチャのねっとりとした甘みとモモ肉のこくがよく合う。揚げ鶏は、カリッとした食感が楽しめるように、煮合わせずに盛り合わせた。

鶏モモ肉　400g
塩、片栗粉　各適量
合せ地　適量
[　だし　4
　日本酒　2
　ミリン　2
　濃口醤油　1
　砂糖　0.3　]
日本カボチャ(くし形切り)　2切れ
管ゴボウ　2個
菜花、スナップエンドウ
ふりユズ

＊日本カボチャ：下ゆでせずに、昆布とペーパータオルに包んだかつお節を加えた煮物だしで煮る。煮物だしは、だし1.4リットルに対して砂糖大さじ1、淡口醤油10㎖、ミリン10㎖、昆布、かつお節(ペーパータオルで包む)適量を合わせただし。

＊管ゴボウ：2〜3㎝長さに切った抜き器で抜いた管ゴボウを水から軟らかく煮て、中を丸い打ち抜き器で抜いて管ゴボウをつくる。昆布とかつお節を加えた八方だしで煮含める。

＊菜花とスナップエンドウは熱湯でゆで、冷水にとったのち、水気を切って、冷たい八方だしにつけて味を含めたもの。

＊ふりユズ：色づいたユズの表皮を目の細かいおろし器でおろしたもの。

1　鶏モモ肉を一口大に切って、塩をふる。片栗粉をまぶし、170℃に熱した揚げ油で揚げて油を切る。
2　合せ地の材料を上記の割合ですべて合わせて火にかける。
3　①と日本カボチャ、管ゴボウ、菜花とスナップエンドウを盛り合わせ、熱い合せ地適量をかける。ユズの皮をすってふる。

(江﨑新太郎)

クスクス

煮込んで焼いて　　　　　　　　　もも肉コンフィの軽い煮込み

クスクス
Couscous

もも

こんがりとソテーしたモモ肉と、大きく切った野菜のスープを、戻したクスクスにかけて供するメイン料理。トマト風味のおいしいポトフをつくる要領で仕上げる。味のアクセントに使ったハリッサは、クスクスには欠かせないアラブの辛い唐辛子のペースト。

鶏モモ肉（骨つき）　4本
玉ネギ　100g
ニンジン　100g
カブ　150g
ズッキーニ　120g
パプリカ（赤）　大1個
カボチャ　150g
鶏のブイヨン（→82頁）　2リットル
トマトペースト　30ml
サフラン　適量
クスクス（インスタント）　80g
ハリッサ（市販品）　5ml
塩、コショウ　各適量
ピュアオリーブ油　適量

1　鶏モモ肉は関節で2つに切り分け、塩をふってしばらくおく。
2　モモ肉の表面にドリップがにじみ出てきたら、フライパンにピュアオリーブ油をひいて表面をこんがりと色よく焼く。
3　野菜は好みの大きさ、形に切る。
4　鍋に②のモモ肉、鶏のブイヨン、トマトペーストを入れて火にかける。
5　沸騰後アクを取り除き、玉ネギ、ニンジンを入れて20分煮る。
6　煮汁を取り分け、別の鍋でカボチャを煮る。また別にクスクスの1.5倍量の煮汁でクスクスを煮て戻す。
7　⑤にサフラン、ハリッサ、残りの野菜を入れて再び火にかけ、野菜が軟らかくなるまで煮て、塩、コショウで味を調える。
8　器に⑥のクスクスを盛り、周りにモモ肉と野菜を盛りつけ、最後に⑦の煮汁をかける。

（谷　昇）

もも肉コンフィの軽い煮込み
Cuire ensemble le confit de cuisse et la sauce

鶏モモ肉のコンフィは、88頁で解説した骨つきモモ肉のコンフィと同じ温度で同じ時間をかけてつくる。コンフィは塩加減が肝心なので、分量通りの塩をしっかりふって、一晩おいて塩を肉に浸透させることがポイント。コンフィをリヨネーズベースのソースで軽く煮込んだ。

鶏モモ肉（骨なし）のコンフィ（→88頁）　1枚分
　鶏モモ肉　1枚
　塩　モモ肉の1〜1.2%
　ラード、リキッドオイル　適量
　（ラード2：リキッドオイル1）

ソース
　ソース・リヨネーズ（→87頁）　40ml
　コニャック　20ml
　マデラ酒　50ml
　バター　10g
　トリュフ（みじん切り）　適量
　塩、コショウ　各適量

ニンジンのグラッセ

1　鶏モモ肉（骨なし）のコンフィをつくる（→88頁・コンフィに準ずる）。
2　モモ肉を脂から取り出し、皮側をフライパンでカリッと焼く。
3　ソースをつくる。鍋にマデラ酒、コニャックを入れて軽く煮詰め、ソース・リヨネーズを加える。塩、コショウを少量加える。
4　②を③に入れ、軽く煮込む。コンフィを取り出す。ソースにバターを溶かし込み、トリュフを加えて味を調える。
5　ニンジンのグラッセを敷き、コンフィを盛る。上からソースをかけて供する。

＊ニンジンのグラッセ：ニンジンは皮をむいて、厚めの輪切りにする。鍋にニンジンを入れてひたるくらいの水を注ぎ、適量のバター、甘さを感じさせない程度のグラニュー糖、塩少量を加えて火にかける。沸騰したら火を止めて蓋をして、室温に冷めるまでおく。

（谷　昇）

煮込んで焼いて
Ragoût et grillé

焼き、煮込み、焼くという調理工程をとることで、煮込みとも焼きものともまったく異なった風味が得られる。こくのある中国醤油を少量加え、チンゲン菜のソテーを添えることで、チャイニーズの香り漂う一皿に。

鶏モモ肉　1枚
ポルト酒（ルビー）　70ml
中国醤油　10ml
鶏のコンソメまたはブイヨン（→43頁、82頁）　150ml
バター　10g
ピュアオリーブ油　適量
塩　適量
チンゲン菜（菜花）のバターソテー

＊チンゲン菜のバターソテー：チンゲン菜の菜花を適当な長さに切り、バターで炒める。塩、コショウで味を調える。

1　鶏モモ肉は適当な大きさに切り、塩をふる。しばらくおいて塩粒が溶けて肉になじみ、表面からドリップがにじみ出てきたら、フライパンにピュアオリーブ油をひいて表面をこんがりと色よく焼く。
2　鍋にポルト酒、中国醤油、鶏のコンソメ（またはブイヨン）を入れて火にかける。バター、①のモモ肉を入れて軟らかくなるまで煮る。
3　提供時にモモ肉を取り出し、網焼きにする。
4　チンゲン菜のバターソテーを敷き、鶏モモ肉を盛る。②の煮汁をソースとしてかける。

（谷　昇）

1 | 鶏もも肉のブランケット
2 | チキンカレー
3 | 唐揚げチキンのサラダ仕立て

シノア風スープ

鶏もも肉のブランケット
Blanquette

ブランケットとは、白いだしを用いて生クリームなどを加えて白く仕上げた料理。すべての材料に焼き色をつけないように注意する。また鶏モモ肉は煮すぎるとくずれるので、ほどよく煮込む。

鶏モモ肉　1枚
玉ネギ（1cm角切り）　50g
バター（モモ肉、玉ネギ炒め用）　20g
鶏のブイヨン（→82頁）　100ml
生クリーム　150ml
トリュフ、パセリ（各みじん切り）　各適量
バター　20g
塩　適量

[つけ合せ]
ホワイトアスパラガス　1束
カブ（くし形切り）　大1個
ブロッコリー　3〜4房

＊つけ合せ：ホワイトアスパラガスは皮をむく。カブとブロッコリーもそれぞれ切り分けて別々に塩ゆでしておく。

1　鶏モモ肉は適当な大きさに切り、塩をふってしばらくおく。肉の表面からドリップが少しにじんでくるまで時間をおくとよい。
2　フライパンにバターを入れて溶かし、色づかないように弱火でモモ肉を焼く。
3　玉ネギは1cm角に切り、バターで色づかないように弱めの火でゆっくりと炒める。
4　③に②のモモ肉を入れて鶏のブイヨンを加えて煮る。鶏が軟らかくなったら取り出しておく。
5　④の煮汁を煮詰め、トリュフとパセリを混ぜる。さらに煮詰め、生クリームを加えてさらに煮詰め、トリュフとパセリを混ぜる。バターを加えて仕上げる。
6　④で取り出した鶏モモ肉を戻し、つけ合せの野菜とともに温める。

（谷　昇）

チキンカレー
Curry

玉ネギはこがさないように、時間をかけて甘く炒める。玉ネギのとろりとした甘さがこのカレーをおいしく仕上げる鍵となる。

鶏モモ肉　2枚
塩、ピーナツ油　各適量
玉ネギ（薄切り）　260g
バター　40g
赤唐辛子　4本
カレー粉（市販）　10g
ミックススパイス　5g

[ミックススパイス]
丁字1g、クミン2g、シナモン2g
フェネグリック5g、カルダモン2g
コリアンダー6g、ターメリック2g

鶏のブイヨン（→82頁）　1リットル
マンゴチャツネ　20g

＊ミックススパイスはホールを各種合わせてフードカッターで細かい粉末にし、5g使用する。

1　鶏モモ肉は適当な大きさに切り、塩をふってしばらくおく。塩がなじんだら、ピーナツ油をひいたフライパンでキツネ色に色よく焼く。
2　鍋にバターを入れて赤唐辛子をそのまま入れて、黒くなるまで炒める。
3　ここに玉ネギを入れて、ゆっくり時間をかけて茶褐色に炒めたのち、カレー粉、ミックススパイスを加えて、香りよく炒める。
4　鶏のブイヨンを加えて煮る。①の肉を入れて軟らかくなるまで煮込む。仕上げにマンゴチャツネを加える。

（谷　昇）

もも・砂肝

唐揚げチキンのサラダ仕立て
Salade de cuisse frite

おなじみの鶏唐揚げが、シェリー酒風味のソース・リヨネーズで洋風メニューに。玉ネギはシャリッとした歯ごたえが残るよう、さっと炒め合わせる。

鶏モモ肉　240g
シェリー酒　100ml
ジャガイモ　100g
玉ネギ　100g
砂肝　50g
バター　10g
ベーコン　20g
ソース
　[シェリー酒　50ml
　　ソース・リヨネーズ（→87頁）　50ml
　バター　20g
塩、コショウ　各適量

＊砂肝は掃除しておく（→21頁）。

1　鶏モモ肉はシェリー酒に約1時間ほどつける。
2　ジャガイモは乱切りにし、玉ネギはくし形切りにする。砂肝は筋と薄膜を取って切り分けておく。ベーコンは5㎜角の棒切りにする。
3　①のモモ肉を適当な大きさに切り、塩をふってしばらくおき、ドリップが表面ににじんできたら、強力粉をまぶす。170℃の油でカリッと揚げて油を切る。
4　ジャガイモは中火から弱火でじっくりソテーする。砂肝は塩をふってしばらくおいて、強火でソテーする。
5　フライパンにバターを入れて、ベーコンをカリカリに炒め、玉ネギを入れて軽く炒めたあと、④のジャガイモと砂肝のソテーを炒め合わせる。
6　ソースをつくる。鍋にシェリー酒を入れて軽く煮詰め、ソース・リヨネーズを加える。最後にこがしバターを加えて風味とこくを出してソースとする。
7　⑤に⑥のソースを一気に加え、皿に盛る。③のモモ肉の唐揚げを上に盛りつけ、残ったソースをかける。

（谷　昇）

もも

シノア風スープ
Soupe à la chinoise

スープではあるが、充分メイン料理になるボリューム。金華ハムは中国料理の高級食材。旨みがあり、味も濃厚なので、だしはほとんど使わずに水で煮た。塩味も強いため、水を増やして味を調節すること。鶏肉と豚肉の両者を合わせることで、こくのあるスープとなった。

鶏モモ肉（骨つき）　2本（300g）
豚スネ肉（骨つき）　500g
塩　適量
鶏のコンソメ（→43頁）　500ml
水　2リットル
シェリー酒　150ml
金華ハム　300g
干しエビ　8個
長ネギ　1/2本

1　蒸し器を用意する。鶏モモ肉は関節で2つに切る。鶏モモ肉、豚スネ肉とも塩をふってしばらくおく。
2　ボウルに長ネギ以外の右記の材料をすべて入れてボウルごと蒸し器に入れて3時間蒸す。塩味が強い時はスープに水を加えて調整する。
3　提供方法は自由に。大きな器に盛り合わせてもいいし、一人分ずつ盛り分けてもよい。ここでは直火で焼いた長ネギを添えた。

（谷　昇）

冷製皮蛋の鶏もも巻き

鶏もも肉の煮こごり　　　　　　　　鶏もも肉の山椒ソースがけ

冷製皮蛋の鶏もも巻き
皮蛋鶏捲（ピータンヂィジェヌ）

ピータンのかわりにゆでたニンジンやゆで玉子の黄身などを巻いてもよい。

鶏モモ肉　1枚
ピータン（8等分のくし形切り）　2個分
卵白　15ml
塩、コショウ　各適量
片栗粉　小さじ1
ゴマ油　数滴

1　鶏モモ肉を薄くそいで5㎜厚さにして、塩、コショウをふる。

2　そぎ取った肉（①の残りの肉）を細かく叩いてなめらかにつぶし、卵白、塩、コショウを入れてよく練る。よく混ざったら片栗粉を加えて混ぜる。仕上げにゴマ油を香りづけに数滴たらして混ぜる。

3　ラップフィルムの上に、皮側を下に向けて①のモモ肉を広げ、上に片栗粉（分量外）をまぶす。

4　②をモモ肉と同じ厚さにのばし、ピータンを芯にして巻く。

5　空気を抜いてラップフィルムできっちり包み、両側を絞って輪ゴムなどでとめる。

6　蒸し器で約20分間蒸す。蒸し終えたらそのまま粗熱を取り、冷蔵庫で冷し固める。

7　ラップフィルムごと1㎝厚さの輪切りにしてフィルムを外して盛りつける。

（出口喜和）

もも

鶏もも肉の山椒ソースがけ
椒麻鶏（ジャオマァヂィ）

椒麻醤は応用範囲が広いソース。牛スネ肉や豚肉などの冷たい前菜などに合う。冷蔵庫で2週間ほど日持ちするので、まとめてつくっておくと重宝。

蒸し鶏（→100頁）　モモ肉1枚分
椒麻醤　適量（好みで）
　青ネギ　1束
　ショウガ　1個
　花椒　大さじ3
　塩、コショウ　各適量
　濃口醤油　少量
　鶏湯（→41頁）　適量
　ゴマ油　45㎖

1　蒸し鶏をつくる。
2　椒麻醤をつくる。まず花椒は空煎りしておく。花椒を青ネギ、ショウガとともに細かく叩いてペースト状にする。これをボウルに入れて塩、コショウを加える。濃口醤油を加え、鶏湯でほどよくのばす。最後に熱したゴマ油を加えて仕上げる。
3　蒸し鶏を切り分け、②の椒麻醤をかける。

（出口喜和）

もも

鶏もも肉の煮こごり
鶏肉凍（ディロウドォスドォンヂィ）（凍鶏）

ゼラチンを入れすぎると煮こごりがかたくなりすぎてしまう。手で簡単にくずれるくらいやわらかめに固めて、とろけるような口当たりに。

鶏モモ肉　1枚
鶏湯（→41頁）　適量
長ネギ、ショウガ（各ぶつ切り）　各適量
粉ゼラチン　大さじ1.5
ソース
　長ネギ（みじん切り）　½本
　ショウガ（みじん切り）　½個
　濃口醤油　45㎖
　酢　23㎖
　ゴマ油　5㎖
　老酒　2.5㎖
香菜の茎

＊ソース：材料をすべて混ぜ合わせる。

1　鶏モモ肉は熱湯でさっとゆでてアクを取り除く。
2　このあと長ネギとショウガを入れた鶏湯でゆでる。モモ肉に火が通ったら、長ネギとショウガを取り除き、鶏湯300㎖を取り分け、水でふやかした粉ゼラチンを入れて煮溶かす。
3　モモ肉を一口大に切り分け、鶏湯に加えて、容器に流し入れて冷蔵庫で冷やし固める。
4　固まったら手でちぎってざっくりとつぶす。ソースを敷き、モモ肉を盛りつける。香菜の茎のみじん切りを散らす。

（出口喜和）

胸

焼き鶏胸肉のフルーツソースがけ　　　　　　　冷し蒸し鶏　緑酢がけ

にんじんのラペと胸肉薄切り　ラムレーズン添え

冷し蒸し鶏 緑酢がけ

胸

ムネ肉は火を通しすぎるとパサついてしまうので注意。酒やだしなどで旨みと水分をおぎなって蒸すとしっとりする。

鶏ムネ肉　300g
日本酒　適量

緑酢
┌キュウリ　1本
│だし　30㎖
│酢　30㎖
│砂糖　大さじ1
└濃口醤油　4滴ほど

京菜（ざく切り）　適量
ソラ豆　4〜5粒

＊ソラ豆：サヤから取り出し、熱湯でゆがいて水にとって、皮をむいたもの。

1　鶏ムネ肉は熱湯をかけ、すぐに冷水にとる。日本酒をふって15分ほど蒸す。粗熱をとったのち、冷蔵庫で1時間ほど冷す。
2　緑酢をつくる。キュウリのイボを落とし、塩で板ずりする。水で洗い、おろし金ですりおろす。ザルに入れて自然に水気を切る。
3　だし、酢、砂糖、濃口醤油を合わせて温める。砂糖が溶けたら火から下ろして冷ます。
4　②のキュウリと③を混ぜ合わせて、緑酢をつくる。
5　鶏が冷えたら、そぎ切りにする。京菜を器に敷いて、鶏を盛る。緑酢をかけ、ソラ豆を周りに散らす。

（江﨑新太郎）

焼き鶏胸肉のフルーツソースがけ

胸

鶏肉にはあえて塩、コショウはせずに、フルーツの味そのものを強調した。フルーツ和三盆シロップは、デザートにも応用できる。

鶏ムネ肉　100g
ゴマ油（太白）　適量

フルーツ和三盆シロップ
┌水　1リットル
│グレープフルーツ　4個分の皮
│オレンジ　3個分の皮
│レモン　2個分の皮
│ペパーミント　1パック
│バニラ棒　1/2本
└和三盆　大さじ4

グレープフルーツ　4個
オレンジ　3個
フランボワーズ　30g

1　まずフルーツ和三盆シロップをつくる。グレープフルーツ、オレンジ、レモンの表皮を薄くむいて、水と合わせて火にかける。沸騰直前で火を止めて漉す。熱いうちにペパーミントを入れて蓋をして2〜3分間おき、ペパーミントを取り出す。和三盆を溶かし、バニラ棒から種をしごき出して加えて冷ます。
2　グレープフルーツとオレンジの果肉を取り出し、フランボワーズとともに冷めた①のシロップにつけて一晩おく。
3　鶏ムネ肉は一口大に切って、ゴマ油で焼く。
4　②のシロップを100㎖取り分け、グレープフルーツとオレンジとフランボワーズ適量を合わせて火にかける。1割程度煮詰める。
5　③のムネ肉を盛りつけ、上に④のソースをかけ、フルーツを盛る。

（江﨑新太郎）

にんじんのラペと胸肉薄切り ラムレーズン添え

Salade de carottes râpées et chaud et froid de suprême avec raisins au rhum

鶏ムネ肉はさっと焼いて表面に火を通し、冷たくして薄切りにしサラダ仕立てに。鮮度のよい肉を使い、くれぐれも焼きすぎに注意する。にんじんのラペは、おろし器で糸状に細くおろしたニンジンという意味。

鶏ムネ肉　30g
ニンジン　40g
オレンジの皮（せん切り）　適量
塩　適量
オリーブ油　適量
ラムレーズン　大さじ0.5
　レーズン　適量
　ラム酒　適量
ソース・ヴィネグレット　適量

＊ラムレーズン：レーズンをひたるくらいのラム酒に漬けてつくる。
＊ソース・ヴィネグレット：オリーブ油に白ワイン酢と塩を加えて攪拌して味を調えたもの（→97頁）。

1　鶏ムネ肉に軽く塩をふり、冷蔵庫にしばらくおく。
2　フライパンにオリーブ油をひいて、鶏ムネ肉の表面をさっと焼く。そのままおいて粗熱が取れたら冷蔵庫で冷したのち、薄切りにする。
3　ニンジンはせん切りにし、ソース・ヴィネグレットで和える。
4　しんなりしたらオレンジの皮、ラムレーズン、鶏ムネ肉を加えて、さっと混ぜてなじませる。
5　器にこんもりと盛りつける。

（谷　昇）

148

1 | **大根薄切りと胸肉のマリネ　トリュフ風味**
2 | **スフレ**
3 | **鶏胸肉のマリネ**
4 | **鶏胸肉薄切りと香草サラダ**

鶏胸肉のブルーテスープ　　　　　　　　　鶏の冷製コンソメ

鶏胸肉のソテー
バニラ風味のペルノーソース

青唐辛子と中国パセリ、ゆで胸肉のサラダ

鶏胸肉の茶浸し

鶏胸肉の辛味煎りつけ

鶏肉の冬瓜詰めスープ冷やし

鶏胸肉のソテー バニラ風味のペルノーソース
Suprême sauté sauce pernod à la vanille

皮側のみをフライパンに当てて焼き、皮はパリパリ、中は半生のロゼに仕上げる。火を通しすぎるとパサパサになって食べづらい。

鶏ムネ肉　1枚
ソース・ペルノー
　ペルノー酒　100㎖
　白ワイン酢　25㎖
　鶏のブイヨン（→82頁）　100㎖
　バニラ棒　1/4本
　バター　20g
塩、コショウ　各適量
ほうれん草のソテー（→87頁）
塩、ピュアオリーブ油　各適量

1　鶏ムネ肉は塩をふってしばらくおく。塩がなじんでドリップが表面ににじんできたらピュアオリーブ油をひいたフライパンで皮側のみ焼く。フライパンが熱くなる前に肉を入れて焼き始める。上側はまわりの油をかけて火を通す。ミディアム程度がよい。
2　ソース・ペルノーをつくる。鍋にペルノー酒を入れて、表面が鏡状につやかになるくらい煮詰める。白ワイン酢、鶏のブイヨン、縦半分に割ったバニラ棒を入れてさらに煮詰める。
3　大さじ1くらいに煮詰まったら、バターを溶かし入れ、塩、コショウで味を調える。
4　皿にほうれん草のソテーを敷き、鶏のソテーをそぎ切りにして盛り、ソースを流す。バニラ棒を飾る。

（谷昇）

鶏胸肉の茶浸し
茶水滑鶏（ツァスイファディ）

料理と料理の間の口直しにぴったりの、中国茶を使ったさっぱりした一品。ササミを使ってもよい。

鶏ムネ肉　1.5枚程度（600g）
卵白、塩、コショウ、片栗粉　各適量
鶏湯（→41頁）　適量
龍井茶　大さじ1
塩　小さじ2/3

1　鶏ムネ肉は筋と薄膜をそぎ取って半分に切り、繊維に沿ってそぎ切りにする。
2　卵白を溶き、塩、コショウ、片栗粉を混ぜてムネ肉をまぶし、鶏湯または熱湯でゆでて八～九分程度まで火を入れて水気を切っておく。
3　熱湯250㎖を沸かして火から下ろし、龍井茶を入れてそのまましばらくおいて、抽出する。塩小さじ2/3を加え、ムネ肉を入れてそのまましばらくおいて、余熱で完全に火を入れる。
4　温かいうちに提供する。

（出口喜和）

鶏肉の冬瓜詰めスープ冷やし
蒸鶏譲冬瓜（ツェンディジョウトングァン）

ダイコンに干し貝柱を詰める料理の応用。前菜にもなるし、トウガンのかわりに本来のダイコンでももちろん同様につくることができる。

鶏ムネ肉　180g
トウガン　1切れ（350g）
蒸し汁
　鶏湯（→41頁）　適量
　干し貝柱　適量
　塩　適量
卵白　90g
フクロダケ（水煮）　8個
長ネギ、ショウガ（各みじん切り）　各小さじ0.5
塩、コショウ　各適量
水溶き片栗粉　適量
香菜

1　トウガンは皮をむいて350gくらいの四角形に切り分け、熱湯で下ゆでする。
2　ボウルに蒸し汁の材料を合わせて①のトウガンを入れて15分ほど蒸す。
3　トウガンの中央に穴を開ける。
4　鶏ムネ肉は半量をフードプロセッサーにかけ、残りの半量を包丁で叩いて、これらを合わせて、混ぜておく。フクロダケ、長ネギ、ショウガ、卵白、塩、コショウを混ぜて、③のトウガンの穴に詰める。
5　④のトウガンを蒸し汁に戻して蒸し器に入れ、12～13分蒸す。
6　蒸し汁に水溶き片栗粉を入れてとろみをつけ、餡としてトウガンにかける。香菜を添える。

（出口喜和）

青唐辛子と中国パセリ、ゆで胸肉のサラダ
青唐拌鶏絲（チントゥパヌヂイスウ）

ムネ肉は衣をまぶしてゆでる。衣をつけないと、肉がパサつきやすいし、冷水にとったときに水っぽくなってしまう。

鶏ムネ肉　40g
卵白、片栗粉、塩、コショウ　各適量
青唐辛子（せん切り）　8本
キュウリ（せん切り）　1本
赤ピーマン（せん切り）　少量
香菜　適量
塩　小さじ0.5
コショウ　少量
ゴマ油　3ml
辣油　適量

1　鶏ムネ肉はそぎ切りにする。卵白を溶き、片栗粉、塩、コショウを混ぜ合わせ、ムネ肉をまぶして熱湯でゆでる。冷水にとって冷まして水気を切る。
2　野菜をそれぞれせん切りにする。香菜はざく切りにする。
3　ムネ肉と野菜を塩、コショウ、ゴマ油で和えて器に盛る。器のまわりに辣油をたらして模様を描く。

（出口喜和）

鶏胸肉の辛味煎りつけ
龍須鶏脯（ロヌシュイヂイブウ）

するめイカのような、歯ごたえのある不思議な食感。龍の髭のようなのでこの名がついた。本来は牛ヒレ肉でつくる。三温糖を入れてからは、くっつかないように手早く仕上げること。

鶏ムネ肉　400g
鶏湯（→41頁）　適量
長ネギ、ショウガ（各ぶつ切り）、花椒　各適量
廣東米酒（または甘口日本酒）　適量
合せ調味料
　紹興酒　5ml
　濃口醤油　10ml
　三温糖　小さじ0.5
　ゴマ油　2.5ml
　辣油　2.5ml
赤唐辛子粉　適量
豆瓣醤　小さじ1.5
長ネギ、ショウガ（みじん切り）　各小さじ1.5
香菜

1　長ネギ、ショウガ、花椒を入れた鶏湯に鶏ムネ肉を入れて、15分間ほど蒸す。ムネ肉が冷めたら手で細かくさく。
2　①のムネ肉を鍋に入れて空煎りし、水分を飛ばす。
3　バットなどに広げ、廣東米酒をふって風通しのよいところに半日置いて乾かす。
4　150℃に熱した揚げ油で揚げる。乾いて縮んだ肉がふわっと広がったら取り出して油を切る。
5　別の鍋に油を入れて、長ネギ、ショウガ、豆瓣醤を入れて火にかける。香りが出たら、④の肉を入れて炒める。三温糖以外の合せ調味料を一度に入れる。全体がパサパサしてきたら三温糖を入れて、肉の表面をパリッとコーティングする。
6　器に盛りつけ、香菜を添える。

（出口喜和）

ささみ

1 | 鶏ささみの茶碗蒸し
2 | 鶏雑炊
3 | 鶏ささみ長芋巻き

水晶鶏の梅肉和え

鶏ささみの茶碗蒸し

茶碗蒸しは具材の下処理と、卵液への火加減の調整がポイント。だしが多めのあっさりした茶碗蒸しには、やわらかくて脂肪の少ないササミが合う。ササミは日本酒につけるだけで風味がよくなり、わずかな生ぐささも消える。ササミのかわりにムネ肉でもよい。

鶏ササミ肉　1本
日本酒　適量
ホタテ貝　1個
グリーンピース　5粒
卵液（3～4個分）
　卵　2個
　鶏だし（→71頁）　400ml
葛餡
　だし　15
　淡口醤油　1
　ミリン　1
　片栗粉　少量
イクラ塩漬け

1　鶏ササミ肉は4等分にそぎ切りし、日本酒にくぐらせておく。
2　ホタテ貝は串を打って表面のみをさっと直火であぶって焼き目をつける。さいの目切りにする。
3　グリーンピースはゆでて八方だしにつけておく。
4　卵液をつくる。卵2個を溶きほぐし、冷たい鶏だしを注いでよく混ぜ、ザル漉しする。
5　器にササミ、ホタテ貝、グリーンピースを入れて、卵液を注ぐ。
6　強火で3分間、中火で17分間蒸す。
7　葛餡をつくる。だしを熱し、淡口醤油、ミリンを入れて一煮立ちさせて、水で溶いた片栗粉を入れて、ゆるいとろみをつける。
8　蒸し上がった茶碗蒸しに、イクラを乗せて蓋をして温め、葛餡を流す。

（江﨑新太郎）

鶏雑炊

ササミは脂肪分が少なく、さっぱりしているので料理の最後の食事にぴったり。火を通しすぎるとパサついてしまうので注意する。

鶏ササミ肉　80g
日本酒　適量
ご飯（かために炊いたもの）　茶碗1/2杯
スープ
　鶏だし（→71頁）　200ml
　淡口醤油　15ml
　塩　小さじ0.5
　日本酒　20ml
三ツ葉（ざく切り）　適量
シイタケ（薄切り）　1個
ウズラ卵　1個
刻み海苔　適量
おろしショウガ　適量

1　鶏ササミ肉は日本酒をふって蒸す。火を入れすぎないように注意。一口大に切る。
2　かために炊いたご飯は水で洗ってぬめりを落としてサラサラにし、水気を切る。
3　スープをつくる。鶏だしを熱して、調味料を加える。ここに②のご飯、シイタケ、ササミ、三ツ葉を入れて温める。
4　盛りつけてウズラ卵を割り落とし、刻み海苔とおろしショウガを添える。

（江﨑新太郎）

鶏ささみ長芋巻き

ささみ

刺身がわりとして使える一品。さっと火を通す鶏わさの応用で、中に歯ごたえのよい長イモを巻いて、食感の違いを出す。

鶏ササミ肉　2本
長イモ（せん切り）　適量
割り醤油（だし1、濃口醤油1）　適量
アスパラガス　2本
ワカメ　適量
花穂ジソ、赤芽、おろしワサビ

1　鶏ササミ肉の中央に包丁目を入れて薄く開く。太いときは観音開きにする。
2　熱湯に入れて泳がせる。表面がまんべんなく白くなったらすぐにザルに取り出して氷水にとる。
3　長イモを芯にしてクルクルと巻く。端を切りそろえて盛りつける。ゆがいたアスパラガスとワカメを盛り合わせ、花穂ジソと赤芽とおろしワサビを添える。
4　割り醤油をかける。

（江﨑新太郎）

水晶鶏の梅肉和え

ささみ

軟らかいがパサつきがちなササミに片栗粉を多めにまぶしてさっとゆでることで、肉がふんわりしっとり仕上がる。これをすぐに氷水にとって冷すことがおいしくつくるポイント。梅肉のかわりに山葵醤油でもおいしい。

鶏ササミ肉　2本
日本酒　50㎖
塩　小さじ0.5
片栗粉　適量
梅肉
　┌南高梅梅干し　大5個
　│淡口醤油　3滴
　│だし　適量
　└ゴマ油　2滴
野生のエシャロット

＊野生のエシャロット：熱湯でさっとゆでておかあげしておく。

1　鶏ササミ肉を一口大にそぎ切りにする。日本酒に塩を加えて混ぜ、ササミを入れて和える。
2　ザルに上げて水気を切り、ササミに片栗粉をたっぷりとまぶす。
3　熱湯を沸かし、②のササミを入れて2分間程度ゆでて取り出し、すぐに氷水にとる。冷めたらザルに上げて水気を切っておく。
4　梅肉をつくる。梅干しを裏漉しし、そのほかの調味料を加えてよく混ぜる。
5　器にかち割氷を入れ、③のササミを盛る。梅肉をかけ、エシャロットを添える。

（江﨑新太郎）

1 | 鶏ささみの叩き身つけ黒胡麻トースト揚げ

2 | 鶏ささみの黒酢炒め

3 | 精進野菜と鶏ささみの炒め煮

鶏ささみのたたき中国風

ささみ

鶏ささみの叩き身つけ黒胡麻トースト揚げ
芝麻麺包鶏（ツウマーミエンバオヂイ）

エビの叩き身のかわりに鶏ささみを使った。平らにのばさずにササミのミンチを団子に丸めてあられ切りにしたパンを周りにつけて揚げてもよい。

鶏ササミ肉　5本（400g）
薄切りトースト　1枚
卵白　100g
塩、コショウ　各適量
片栗粉　適量
ゴマ油　適量
黒ゴマ　適量
レタス

1　鶏ササミ肉の筋と薄膜をそぎ取る。卵白、塩、コショウとともにフードプロセッサーにかけてミンチにする。片栗粉とゴマ油を入れて混ぜる。
2　トーストの片面に片栗粉をふり、①をヘラでぬる。
3　上に黒ゴマを隙間なくたっぷりまぶしつける。
4　140～150℃に熱した油でじっくり揚げて、最後は170℃にしてカラリと油を切る。
5　適当に切り分けて熱いうちに提供する。

（出口喜和）

鶏ささみの黒醋炒め
糖醋鶏條（タンツウディティヤオ）

甘酸っぱいたれをからめて仕上げた、酢豚の応用。あっさりとしたササミも大きく切るとダイナミックな料理になる。

鶏ササミ肉　5本（400g）
卵白、塩、コショウ、片栗粉　各適量
合せ調味料
　老酒　30ml
　濃口醤油　75ml
　水　100ml
　黒酢　15ml
　白酢　30ml
　三温糖　大さじ3.5
　中国醤油　8ml
　ゴマ油　5ml
ニンニク、ショウガ（各薄切り）　各1かけ
水溶き片栗粉　適量
白髪ネギ、赤ピーマン（せん切り）

1　鶏ササミ肉は筋を取り、薄膜をそいで縦半分に切り、さらに2つくらいに斜めに切る。
2　卵白を溶き、塩、コショウ、片栗粉を入れて混ぜ、①のササミにまぶす。
3　160℃に熱した油に入れて、徐々に温度を170℃まで上げてカリッと揚げる。
4　たれをつくる。鍋に油を入れ、ニンニク、ショウガを炒める。香りがたったら合せ調味料を入れて熱する。水溶き片栗粉を入れてとろみをつけ、③のササミを入れてさっとあおる。
5　器に盛って、白髪ネギと赤ピーマンを添える。

（出口喜和）

ささみ

精進野菜と鶏ささみの炒め煮
什錦鶏（シイジンヂイ）

ザーサイなどを加えてもよい。冷蔵庫で保存すれば1週間以上日持ちする常備菜。冷たくてもおいしく食べられる。

鶏ササミ肉　3本
卵白、塩、コショウ、片栗粉、白絞油　各適量
金針菜（戻したもの）　25g
シイタケ（半分に切る）　4個
青唐辛子（斜め切り）　5本
長ネギ（ぶつ切り）　½本
ショウガ（薄切り）　½個
八角　1個
合せ調味料
　老酒　15㎖
　濃口醬油　60㎖
　鶏湯（→41頁）　少量
　黒酢、白酢　各15㎖
　三温糖　小さじ0.5
ゴマ油　3㎖

1　鶏ササミ肉は筋を除いて薄膜をそぎ、長めのそぎ切りにする。
2　卵白を溶き、塩、コショウ、片栗粉、白絞油を混ぜ合わせる。ササミにまぶして、140℃に熱した油に入れて、170℃まで徐々に温度を上げてカリッと揚げる。
3　鍋に油を入れ、長ネギ、ショウガ、八角を入れて香りを立てる。ここに、青唐辛子、シイタケ、金針菜を入れて炒め、②のササミを入れ、合せ調味料を入れてあおりながら煮る。最後に香りづけのゴマ油を3㎖ほど入れて仕上げる。
4　常温で冷まし、冷蔵庫で一晩おいて味をなじませ、翌日食べる。冷たくてもおいしい。

（出口喜和）

ささみ

鶏ささみのたたき中国風
生鶏柳（スンヂイリウ）

牛肉のたたきや鯛、石鯛などの淡白な魚の刺身でも代用できる。ソースは合わせるのみ。好みで切った老酒をソースに加えてもよい。

鶏ササミ肉　400g
鶏湯（→41頁）　適量
ラッキョウ（薄切り）
ピーナツ（粗く砕く）
キュウリ（せん切り）　　好みで各適量
赤ピーマン（せん切り）
白髪ネギ
ショウガ（せん切り）
ソース
　濃口醬油　60㎖
　酢　23㎖
　ゴマ油　10㎖

＊ソースは材料をすべて合わせ、よく混ぜる。

1　鶏ササミ肉の筋を取り除き、薄膜をそぎ取る。鶏湯でさっとゆでて表面が白くなったら、すぐに冷ます。
2　半分に切って、そぎ切りにする。
3　白髪ネギと赤ピーマンを敷き、ササミを盛りつけ、周りにラッキョウ、ピーナツ、キュウリを対角線に同じように見えるように盛りつける。ショウガのせん切りを上に盛る。ソースをかける。

（出口喜和）

百合根万十煎餅包み

挽き肉

鶏そぼろご飯と鶏つくねの赤だし

百合根万十煎餅包み

万十のまわりに貼りつけた煎餅は、煎餅店に特注している素焼き煎餅。香ばしく仕上げるために、短時間揚げる。

詰め物（35個分）
- 鶏挽き肉　モモ肉とムネ肉各250g
- 卵　1個
- ゴマ油（太白）　適量
- 濃口醤油　35㎖
- 塩　小さじ2
- ミリン　35㎖
- 日本酒　35㎖

生地
- 百合根（裏漉し）　7
- 大和芋（すりおろし）　3

片栗粉、卵白、素焼き煎餅　各適量

葛餡
- だし　15
- 淡口醤油　0.1
- ミリン　1
- 葛粉　適量

ホウレン草

＊ホウレン草：塩を加えた熱湯でゆでて水にとって水気を絞り、冷たい八方だしにつけておく。

1　詰め物をつくる。鶏挽き肉をゴマ油で炒め、日本酒を入れる。残りの調味料をそれぞれ加えて炒める。挽き肉に火が入ったら、溶き卵をさっと炒め合わせて、しっとりと仕上げる。

2　生地をつくる。百合根はほぐし、汚れた部分を取り除いて蒸す。これを裏漉しして大和芋を加え混ぜる。

3　②の生地を1個分50gとってのばし、詰め物を中に詰めて団子に丸める。

4　片栗粉をまぶし、溶いた卵白にくぐらせる。ざっくりと割った素焼きの煎餅を周りに貼りつける。

5　煎餅を香ばしくするために、170℃に熱した揚げ油で1分間ほど揚げる。

6　葛餡をつくる。だし、淡口醤油、ミリンを合わせて火にかけ、沸騰したら水で溶いた葛粉を加えてとろみをつける。

7　器に百合根万十を盛り、ホウレン草を添えて、葛餡をかける。

（江﨑新太郎）

鶏そぼろご飯と鶏つくねの赤だし

鶏挽き肉を使ったご飯と味噌汁。挽き肉はモモ肉とムネ肉を半量ずつ合わせたので、あっさりした味だが、ほどよいこくがある。漬物はダイコン、キュウリ、セロリ、プチトマト、ソラ豆の米糀漬け。

[鶏そぼろご飯]
鶏挽き肉　モモ肉とムネ肉各100g
シメジ茸　1パック
米　1合（180㎖）
鶏だし（→71頁）　180㎖
淡口醤油　6㎖
塩　小さじ1
ミリン　6㎖
日本酒　10㎖
昆布　3cm角
ゆで玉子　適量

[鶏つくねの赤だし]
鶏だんご（→72頁）　1個
鶏だし（→71頁）、かつおだし　各90㎖
八丁味噌　15g
白味噌　30g
粉山椒　少量

[鶏そぼろご飯]
1　米を研いで水を切り、30分ほどおく。
2　炊飯器に米を入れて鶏だしを注ぎ、淡口醤油、塩、ミリン、日本酒、昆布を入れる。鶏挽き肉とさっと湯通ししたシメジ茸を入れて炊く。
3　5分間ゆでた玉子を割ってご飯にのせ、醤油（分量外）を少量たらす。

[鶏つくねの赤だし]
1　仕込んでおいた鶏だんごを蒸し上げて温める。
2　鶏だしとかつおだしを同量ずつ合わせて熱し、八丁味噌と白味噌を入れて溶かし、味を調え、①の鶏だんごを入れる。
3　吸い口に粉山椒を添える。

（江﨑新太郎）

パイ包み焼き

鶏のソーセージ

パイ包み焼き
Chausson

パイ包み焼きはこんがりと木の葉のように軽やかに焼けたパイと、切った瞬間に中からあふれ出る香りが魅力。中までしっかり火を通すために、途中でオーブンの温度を下げてじっくり焼き上げた。

詰め物
- 鶏挽き肉　40g
- 豚挽き肉　40g
- フォワグラ（角切り）　20g
- 松の実　10粒
- トリュフ（みじん切り）　適量
- キャトルエピス　適量
- 塩、コショウ　各適量

折り込みパイ生地　100g
溶き卵　適量

ソース
- ソース・リヨネーズ（→87頁）　40ml
- マデラ酒　20ml
- バター　10g
- トリュフ（みじん切り）　適量

ほうれん草とトランペット茸のソテー

*折り込みパイ生地：市販のパイシートでよい。2～3mm厚さの折り込みパイ生地を使う。

*ほうれん草とトランペット茸のソテー：ホウレン草は葉のみを使い、バターでソテーする。塩で味を調える。トランペット茸は石づきを取り除いてよく洗う。水気を充分ふきとってバターでソテーする。塩で味を調える。

1　詰め物をつくる。フォワグラ以外の材料をすべて合わせてよく混ぜる。
2　中心にフォワグラを入れて①で包み、団子状にする。
3　折り込みパイ生地を、1辺12cmの正方形に切る。パイ1個につき生地を2枚用意する。1枚を底に敷き、団子状に丸めた詰め物を置いて、もう1枚の生地をかぶせる。空気が入らないように詰め物の周りをしっかりくっつける。
4　冷蔵庫に入れて生地を締め、生地を丸く切り抜く。
5　表面に艶出し用の溶き卵を薄くぬり、包丁で放射状に浅い切り目を入れて、200℃に熱したオーブンで10分間、そのあと170℃のオーブンで15分間焼く。
6　ソースをつくる。鍋にマデラ酒を入れ、ゆっくりと鏡状になるまで軽く煮詰める。ソース・リヨネーズを加えてさらに軽く煮詰める。トリュフを加え、バターを溶かし込んで濃度をつける。
7　ほうれん草のソテーとトランペット茸のソテーを敷き、パイ包みを盛る。周りにソースを流す。

（谷　昇）

鶏のソーセージ
Saucisse

挽き肉の結着力をよくするために、氷に当てながら練ることが大事。ソーセージは焼く以外に、ゆでたままで提供してもいいし、ゆでたあとで網焼きにしてもよい。

ソーセージの種
鶏ムネ肉またはモモ肉(皮なし) 240g
豚背脂 180g
鶏モモ肉のコンフィ(→88頁) 50g
塩 5g(肉に対して1.1%)
コショウ 少量(肉に対して0.11%)
ニンニク(すりおろし) 1かけ
キャトルエピス 適量

豚腸(ケーシング)
ソース・リヨネーズ(→87頁) 適量
ポンムフリット(→78頁)

*豚腸の下処理:塩蔵品なので水を何度かかえて塩抜きしておく。

1 鶏ムネ肉またはモモ肉、豚背脂をミンチにする。
2 鶏モモ肉のコンフィは5mm角に切る。
3 ソーセージの種の材料のすべてをボウルに入れて、結着力をよくするために氷に当てて充分に練る。
4 豚腸に③を詰め、適当な長さでねじるか、ヒモで結ぶ。破裂しないように針で全体を刺す。ソーセージ用の口金と絞り出し袋を使って詰めるとよい。
5 90℃の湯で④を20分間ほどゆでる。
6 水気を切り、一本ずつ切り外し、フライパンで表面をパリッと焼く。
7 ソース・リヨネーズを流し、ソーセージを盛る。ポンムフリットを添えて供する。

(谷 昇)

手羽・皮

1｜手羽先詰め物のロースト
2｜鶏皮のかりかり焼きと葉山葵の和え物
3｜鶏皮のセロリ煮

鶏皮のスモークと野菜の薄焼き玉子焼き

手羽先詰め物のロースト
Ailerons farcis et rôtis

よくばって詰め物を入れすぎたりオーブンの温度が高すぎると破裂してしまうので注意する。詰め物は餃子の具やホタテ貝やエビなどを使ったシュウマイなどの具でもよい。

鶏手羽先　7本

詰め物
| ソーセージの種（→171頁）　100g
| ホウレン草　60g
| バター　10g
| 塩、コショウ　各適量

香菜素揚げ

1　手羽先（手羽中）から骨を取り除く。手羽中の端の関節を切り落とし、2本の骨を引き抜く。関節を切り落とすと周りの筋も切り落とすことができるので容易に骨が抜ける。

2　ホウレン草をバターで炒め、塩、コショウして下味をつけ、みじん切りにする。ソーセージの種にホウレン草を加え、よく練る。

3　手羽中の骨のあとに②を詰めて、フライパンで表面をこんがりと色よく焼き、170℃に熱したオーブンで10分程度焼く。

4　香菜を160℃の油で素揚げして散らす。フィンガーボウルを添える。

（谷昇）

鶏皮のかりかり焼きと葉山葵の和え物
皮

お通しやお酒のあてに最適の一品。ムネ肉についている皮のほうがモモ肉の皮よりも薄いのでこちらを使う。

鶏皮（ムネ肉の皮）　1枚分
葉ワサビ　適量

浸し地
| だし　8
| 濃口醤油　1
| ミリン　1
| 追いがつお

1　鶏皮の内側についている脂肪などを包丁でこそげて取り除く。

2　フライパンに鶏皮を広げて弱火で空煎りする。出てきた油はペーパータオルなどでこまめにふき取る。途中で裏返して、同様に弱火でじっくりと焼く（約10分間）。油を切って色紙切りにする。

3　葉ワサビは洗ってザルに重ならないように広げ、熱湯をかける。すぐに氷水にとって水につけたままラップで密閉して一晩おく。空気を入れないようにする。

4　浸し地の材料を合わせて追いがつおをして一煮立ちさせ、冷ましておく。ここに一晩おいた葉ワサビを入れて短時間つける。

5　②の鶏皮と水気を切った④の葉ワサビを重ね盛りにする。和えると、皮が水気を吸ってしまうので、カリカリした歯ごたえがなくなってしまう。

（江﨑新太郎）

鶏皮のセロリ煮
皮

鶏皮は脂が多いので、塩と酒を入れた湯で20分間ゆでて脂抜きしてから用いる。脂抜きすることで合せだれの味がしみやすくなる。酒肴にぴったりの一品。

鶏皮（モモ肉の皮）　1枚分
セロリ　1/2本
ノカンゾウ　2〜3本
ゴマ油　適量

合せだれ
| 砂糖　2g
| ミリン　10mℓ
| 濃口醤油　15mℓ
| 日本酒　15mℓ
| ショウガの絞り汁　10mℓ
| 赤唐辛子（輪切り）　少量

1　鶏皮はモモ肉についている少し厚めの皮が合う。これを塩と日本酒を入れた熱湯（分量外）で20分ほどゆでて脂とにおいを除く。

2　すぐに冷水にとって冷まし、せん切りにする。

3　セロリの軸はせん切り、葉は粗みじん切りにする。ノカンゾウは1cm長さに切る。

4　ゴマ油を鍋に入れて熱し、②の鶏皮を炒める。セロリとノカンゾウを入れてさらに炒めたのち、合せだれを入れて15分間ほど煮る。こげつかせないように火加減に注意。味が濃くなりすぎたら鶏だし（→71頁・分量外）を加えて調整する。

（江﨑新太郎）

皮

鶏皮のスモークと野菜の薄焼き玉子焼き
タンピィシュヌディビィ
蛋皮燻鶏皮

鶏皮を燻製にかけてサラダ風に仕上げた。鶏皮は、ゆでこぼして余分な脂を除いておくと老湯（ルウ水）の味がなじみやすくなる。

鶏皮（モモ肉の皮）　2枚分
老湯（→107頁）　適量
薄焼き玉子
 ［卵　3個
 　水溶き片栗粉　100g（卵の2/3量）］
チコリ
レタス
トレヴィス 　各適量
金針菜

1 鶏皮は熱湯でゆでこぼしたのち、沸騰した老湯（ルウ水）で10分間煮る。
2 水気を切って、バットなどに広げて水分を飛ばし、丸鶏のいぶし焼きの要領で10分ほど燻す（→107頁）。
3 適当な大きさに切り分けておく。
4 薄焼き玉子をつくる。卵を溶きほぐし、水溶き片栗粉を加えてよく混ぜ、フライパンに薄く流してさっと両面を焼く。
5 チコリ、レタス、トレヴィスは水気を切って適当な大きさに切っておく。金針菜は水につけて戻しておく。
6 ③と⑤を混ぜ合わせ、④の薄焼き玉子でゆるめに巻く。
7 適当な長さに切り分けて盛りつける。

（出口喜和）

1 | 鶏手羽の香料酢醤油漬け
2 | 鶏手羽とレバーの香料だれ煮
3 | 鶏皮の辛味炒め焼き

鶏砂肝とハツの山葵焼き

内臓

鶏とさかの煮こごり

鶏レバー、心臓、砂肝、くるみ、
レーズンのラム酒風味

鶏内臓のブルギニオン

砂肝のコンフィともも肉のコンフィと
野菜のマセドアヌサラダ

鶏レバー、心臓、砂肝、くるみ、レーズンのラム酒風味
Abattis sautés, raisins au rhum, noix caramélisée

内臓類を香ばしく焼くこと、クルミと茶色に色づけしたカラメルをよく和えて、クルミの香りを引き出すことが大事。

鶏レバー 80g
鶏ハツ 6個
鶏砂肝 60g
ピュアオリーブ油 適量
ソース
　グラニュー糖 15g
　クルミ（皮なし） 30g
　ラム酒 50mℓ
　鶏のブイヨン（→82頁） 50mℓ
　バター 20g
　ラムレーズン（→147頁） 大さじ1
　レーズン 適量
　ラム酒 レーズンがひたるくらいの分量
　パセリ（みじん切り） 小さじ0.5
塩、コショウ 各適量

＊レバー、ハツ、砂肝：それぞれ血抜きをして掃除し、切り分けておく（→21〜22頁）。

1　レバー、ハツ、砂肝はそれぞれ掃除して食べやすい大きさに切っておく。
2　それぞれ別にピュアオリーブ油でソテーする。
3　ソースをつくる。鍋にグラニュー糖とその1/2量の水を入れて火にかけ、茶色く色づけてカラメルをつくる。ここに皮なしのクルミを加えてよくからめ合わせて香ばしく仕上げる。
4　ラム酒を加え、さらに鶏のブイヨンを加えて軽く煮詰め、最後にバターを溶かし込んで濃度ととこくをつける。
5　④に②とラムレーズン、パセリを加えて軽く混ぜて、塩、コショウで味を調える。

（谷 昇）

鶏とさかの煮こごり
Gelée d'abattis

内臓類のテリーヌには、甘酸っぱいダークチェリーのソースとチェリーと干しプラムの赤ワイン煮を添える。

鶏トサカ（冷凍） 500g
鶏ハツ 100g
鶏砂肝 150g
鶏レバー 200g
赤ワイン 1リットル
クレームドカシス 150mℓ
鶏のコンソメ 400mℓ
オレンジの皮（すりおろし） 小さじ1/4
干しプラム赤ワイン煮 適量
ダークチェリー赤ワイン煮 適量
ダークチェリーのつけ汁 適量
オレンジの皮（せん切り） 適量

＊ハツ、砂肝、レバー：それぞれ血抜きをして掃除し、切り分けておく（→21〜22頁）。
＊トサカは肉屋または鶏肉店から仕入れることができる。

1　トサカは流水にさらして血抜きしたのち、水からゆでて沸騰させてアク抜きをする。再び流水にさらして、水気を切っておく。
2　ハツ、砂肝、レバーをそれぞれ別に熱湯でゆでこぼす。
3　鍋に赤ワイン、クレームドカシス、鶏のコンソメを入れ、①、②を加え、煮汁が全体になじむまで煮込む。
4　オレンジの皮のすりおろしを加える。
5　テリーヌ型に④を入れて重石をし、粗熱がとれたら冷蔵庫で一昼夜おいて充分に冷まし、型から抜いて切り出し、皿に盛る。
6　干しプラムとダークチェリーの赤ワイン煮を添え、ソースをかける。ソースはダークチェリーのつけ汁を充分煮詰めたもの。せん切りのオレンジの皮を添える。

（谷 昇）

砂肝・もも

砂肝のコンフィともも肉のコンフィと野菜のマセドアヌサラダ
Salade de macédoine et confit de cuisse et gesiers

マセドアヌ(マセドワヌ)とは角切りのこと。野菜やコンフィを角切りにして、やさしい味のマヨネーズで和えた。味のアクセントにコンフィを利用。

砂肝のコンフィ　50g
　鶏砂肝
　塩　砂肝の重量の1.2％
　コショウ　砂肝の重量の0.12％
　ラード2、オリーブ油1
鶏モモ肉のコンフィ(→88頁)　50g
ジャガイモ　130g
ニンジン　80g
セロリ　40g
キュウリ　25g
マヨネーズソース　80㎖
　卵黄　1個
　フレンチマスタード　小さじ1
　白ワイン酢　適量
　塩、コショウ　各適量
　オリーブ油　100㎖
塩、コショウ　各適量
チャービル

*マヨネーズソース:ボウルに卵黄を入れて泡立て器で溶きほぐし、フレンチマスタード、塩、コショウを加えてさらに混ぜる。オリーブ油を少しずつ加えてかたくなってきたら、少量の白ワイン酢を加えて好みの味と濃度に調整する。

1　コンフィをつくる。砂肝を掃除し(→21頁)、塩、コショウを手でまんべんなくすり込んで1時間おく。
2　鍋にラードとオリーブ油を入れて火にかけて溶かし、①の砂肝を入れて80℃を保って30分間煮る。火から下ろして、粗熱がとれたら密閉容器に移して冷蔵庫にて保存する。
3　砂肝のコンフィと鶏モモ肉のコンフィを脂から取り出し、適当な大きさの角切りにして、フライパンで表面をパリッと焼く。
4　ジャガイモ、ニンジンは皮をむく。セロリは筋をむく。キュウリは表皮をまだらにむく。
5　ジャガイモ、ニンジンは水から軟らかくなるまでゆでて水気を切る。セロリ、キュウリは熱湯でさっとゆでて水にとって水気を切る。
6　コンフィと角切りにした野菜をマヨネーズソースで和える。塩、コショウで味を調える。器にソースで盛りつけ、チャービルを飾る。

(谷　昇)

レバー・ハツ・砂肝・もも

鶏内臓のブルギニオン
Abattis bourguignon

ここでは内臓類は、きっちりと火を通して焼くこと。火の通しかたが中途半端だと、ソースの味が締まらない。

鶏レバー　50g
鶏ハツ　40g
鶏砂肝　50g
鶏モモ肉　60g
ベーコン　20g
小玉ネギのグラッセ　6個
ニンジンのグラッセ(シャトー切り)　6切れ
マッシュルーム　4個
塩　適量
小麦粉　適量
バター　適量
ピュアオリーブ油　適量
ソース
　赤ワイン　200㎖
　クレーム・ド・カシス　10㎖
　ソース・リヨネーズ(→87頁)　50㎖
バター　20g
パセリ(みじん切り)　適量

*レバー、ハツ、砂肝は掃除をしておく(→21~22頁)。
*クレーム・ド・カシスはカシスの甘いリキュールのこと。

1　まずソースをつくる。鍋に赤ワイン、クレーム・ド・カシスを入れて充分に煮詰め、ソース・リヨネーズを加える。さらに、こがしバターを加えて風味とこくを与える。
2　鶏モモ肉は適当な大きさに切って塩をふってしばらくおく。フライパンにピュアオリーブ油をひいて表面をこんがりとソテーする。
3　レバー、ハツ、砂肝は、それぞれ掃除をして塩をふる。ハツと砂肝はバターでソテーし、レバーは小麦粉をまぶして揚げる。
4　小玉ネギ、ニンジンはグラッセ(→135頁・もも肉コンフィの軽い煮込み)にする。マッシュルームをバターでソテーする。ベーコンは5㎜角の棒切りにして、カリッと焼く。
5　モモ肉をソースに入れて軽く煮て仕上げる。そのほかの材料をすべて入れて軽く煮て仕上げる。盛りつけて材料をすべて入れて軽く煮て仕上げる。盛りつけてパセリを散らす。

(谷　昇)

183

1 | 砂肝の塩漬け

2 | 砂肝と大根の細切り塩酢和え

3 | 塩漬け砂肝と西洋菜のサラダ

鶏心臓のサクサク揚げフェンネル塩がけ

砂肝

砂肝の塩漬け
咸鶏胗（シェヌヂィッツェン）

ここでは塩漬け後に蒸したが、熱湯でゆでてもよい。ゆでる場合のゆで時間は40〜45分が目安。

鶏砂肝　200g
つけ汁
　塩　75g
　長ネギ（青い部分）　2本分
　ショウガ　1個
　花椒　小さじ1
　日本酒　25㎖
白髪ネギ
香菜

＊つけ汁は材料をすべて混ぜ合わせる。

1　砂肝をもみ洗いし、汚れを取り除く。銀皮はついたままでよい。
2　生のままつけ汁につける。冷蔵庫で5日間おく。
3　取り出して水洗いし、45〜50分間蒸す。蒸し上げたら粗熱をとって、冷蔵庫で冷やす。
4　白髪ネギを盛り、薄切りにした砂肝を盛る。香菜を添える。

（出口喜和）

砂肝

砂肝と大根の細切り塩酢和え
羅卜拌鶏胗（ルオボパンディッツェン）

ダイコンのかわりに香菜、白髪ネギなどを砂肝に合わせてもよい。これらを和えるときは食べる直前がよい。

砂肝の塩漬け（→186頁・上段）　200g
ダイコン（細切り）　砂肝と同量程度
塩、コショウ　各適量
酢　10㎖
ゴマ油　5㎖
香菜

1　砂肝の塩漬けを薄切りにする。
2　ダイコンと砂肝を混ぜ合わせ、塩、コショウ、酢、ゴマ油で和える。盛りつけて香菜を添える。

（出口喜和）

塩漬け砂肝と西洋菜のサラダ

砂胗沙律
シャアツェンサアリィ

こちらの砂肝は塩味を強めにつけた鶏湯で蒸し上げたもの。サラダ以外に冷前菜などに用いている。

鶏砂肝　250g
鶏湯（→41頁）　800㎖
長ネギ、ショウガ（各ぶつ切り）、花椒　各適量
老酒　60㎖
塩　15g
チコリ
レタス
トレヴィス　各適量
金針菜
サニーレタス
ゴマ油、塩
塩、コショウ、酢、ネギ油　各少量

＊ネギ油：熱したオリーブ油に長ネギのぶつ切りを入れて香りを移した油。

1　鶏砂肝は銀皮をつけたまま、塩でよくもんで洗い、小さじ1の重曹を加えた熱湯で10分間ほどゆでてザルにとる。
2　鶏湯を熱してボウルに入れ、長ネギ、ショウガ、花椒を入れ、老酒、塩を加える。ここに砂肝を入れてラップフィルムをかけて45分間ほど蒸す。
3　砂肝と鶏湯を別にしてそれぞれ冷ます。冷めたら砂肝を鶏湯に戻しておく。
4　砂肝を縦に薄切りにする。ゴマ油と塩をまぶす。
5　野菜を適当な大きさに切って準備する。金針菜は水で戻しておく。
6　野菜類はすべて塩、コショウ、酢、ネギ油で和える。
7　⑥の野菜を盛り、砂肝を散らす。

（出口喜和）

鶏心臓のサクサク揚げ フェンネル塩がけ

酥炸心臓
スウザアシヌザス

フェンネル塩は、揚げ物だけでなく、シマアジなどの刺身にもよく合う重宝なつけ塩。

鶏ハツ　150g
塩、コショウ　各適量
衣
　小麦粉　75㎖
　片栗粉　30㎖
　ベーキングパウダー　小さじ1
　水　60㎖
　白絞油　60㎖
フェンネル塩
香菜

＊フェンネル塩：フェンネルを空煎りして粗めにつぶす。塩を煎ってつぶしたフェンネルを合わせる。

1　鶏ハツは縦半分に切って血の塊などを取り除く（→22頁）。
2　衣をつくる。粉類と水をざっくりと切るようにして混ぜ、白絞油を最後に加えて混ぜる。
3　ハツに塩、コショウをふり、衣をつけて、120〜130℃に熱した揚げ油に入れて、ハツに火が通ったら油温を150〜160℃まで上げてカラリと揚げる。
4　油を切って盛りつける。フェンネル塩と香菜を添える。

（出口喜和）

鶏心臓の野菜ソース和え

塩漬け韮の鶏レバー包み卵黄まぶし　　　　冷製鶏レバーの蒸し物

鶏心臓の野菜ソース和え
シヌザァアスウァイズ
心臓素菜汁

ハツは火を通しすぎるとゴムのようにかたくなってしまう。また足りないと血がにじんでくるので、火の通し加減に注意する。

鶏ハツ　200g
長ネギ、ショウガ、花椒　各適量
野菜ソース
　チンゲン菜の葉　1/2株
　ター菜の葉　1/2株
　塩　小さじ0.5
　オリーブ油　野菜と同量
　ネギ油　野菜と同量

＊野菜ソース：チンゲン菜、ター菜の緑の葉の部分を塩ゆでして冷水にとり、水気を絞って、ほかの調味料とともにミキサーにかけてペースト状にしたもの。

1　ハツは水洗いして血抜きをする。縦に切り開いて中の血を洗い落とす（→22頁）。
2　長ネギ、ショウガ、花椒を入れた熱湯でさっとゆでてくさみをとり、水にとって冷ます。
3　ハツの水気を切る。野菜ソースでハツを和える。

（出口喜和）

冷製鶏レバーの蒸し物
冷鶏肝（ルォヌディガン）

蒸す温度が高すぎると、パンのように大きく膨み、下の層は気泡がつぶれて詰まってしまうので温度に注意する。豚のレバーでも同じようにできる。またレバーに豆腐などを混ぜてもおいしい。

鶏レバー　500g
豚背脂　100g
卵白　250g
ラム酒　60㎖
ショウガの絞り汁　30㎖
片栗粉　120g
ゴマ油　10㎖

＊ショウガの絞り汁：ショウガを少量の水または酒とともにミキサーにかけて漉し取った汁。

1　鶏レバーは半分に切って筋を取り除き（→22頁）、片栗粉が小麦粉でもんで洗って血抜きする。
2　適当な大きさに切り、ミキサーに入れる。卵白、ラム酒、ショウガの絞り汁、豚背脂を入れて攪拌する。
3　漉し網で漉して、片栗粉とゴマ油を入れて再びミキサーにかける。
4　テリーヌ型のような流し缶に脂をぬっておく。③を流し入れ、中火〜弱火で40分ほど蒸す。温度が高すぎると卵白がふくれて細かい気泡にならない。火力が強いときは、蓋を少しずらす。
5　粗熱をとり、冷蔵庫で冷やす。適当な厚さに切って供する。

（出口喜和）

塩漬け韮の鶏レバー包み卵黄まぶし
醃菜鶏肝丸子（イェンツァイヂガンワヌズ）

鶏レバーの蒸し物を使った前菜。塩漬け韮はネギ油とともにミキサーにかけてソースにしたり、淡白な料理や肉・内臓料理のアクセントに重宝。細かく叩いて粉皮の和え物にも合う。

冷製鶏レバーの蒸し物（→191頁・上段）
1個当たり150g程度
塩漬け韮
　ニラ　3〜4束
　塩水　塩150g、水500㎖
ゆで玉子（黄身）　適量
香菜

1　塩漬け韮をつくる。塩水にニラを2日ほど漬け込む。どす黒くなったら、取り出して叩く。
2　鶏レバーの蒸し物をつぶしてすり、ラップフィルムに広げる。中に塩漬け韮を入れて茶巾に絞る。
3　ラップフィルムをはずし、ゆで玉子の黄身を裏漉ししたものをかける。香菜を添える。

（出口喜和）

鶏足の老酒煮

鶏足の芥子ソース和え　　　　　　　　鶏足の山椒唐辛子ソース和え

鶏足の老酒煮
ホァンジゥジィジァォ
黄酒鶏脚

もみじ

ゼラチン質をたっぷりと含んだモミジは、軟らかく煮ると、中の骨がポロリと外れる。必ず爪を切ってから用いること。

鶏モミジ　450g
鶏湯（→41頁）　適量
長ネギ、ショウガ（各ぶつ切り）　各適量
ピーナツ　150g

煮汁
　白絞油　60ml
　三温糖　大さじ3.5
　老酒　180ml
　濃口醤油　15ml
　水　90ml
　長ネギ（ぶつ切り）　1/2本
　ショウガ（ぶつ切り）　1個
　八角　2個
　赤唐辛子　5〜6本

香菜

1　モミジは爪を切り落とし、長ネギ、ショウガを入れたたっぷりの鶏湯で20〜30分間ゆでる。
2　ピーナツは重曹を加えた水で2回ほどゆでこぼす。さらに重曹を抜くために熱湯でゆでる。
3　煮汁をつくる。白絞油と三温糖を合わせて熱し、飴色になったら、老酒、濃口醤油、水、長ネギ、ショウガ、八角、赤唐辛子を入れて熱する。
4　ここに①を入れて弱火にかけて六〜七分程度まで火が入ったら、②を入れてさらに煮る。煮上げる時間は50分間〜1時間ほど。モミジとピーナツを盛り上げ、香菜を添える。

（出口喜和）

鶏足の山椒唐辛子ソース和え
マァラァヂィジァォ
麻辣鶏脚

もみじ

麻辣ソースは、モミジのほかに牛スネ肉、スジ肉などの冷菜によく合う辛いソース。

鶏モミジ　450g
鶏湯（→41頁）　適量
長ネギ、ショウガ（各ぶつ切り）　各適量

麻辣ソース
　赤唐辛子（煎って粉に挽く）　10本分
　花椒　小さじ1
　長ネギ（みじん切り）　1/2本
　ショウガ（みじん切り）　1/2個
　ニンニク（みじん切り）　3かけ
　老酒　10ml
　濃口醤油　15ml
　塩　少量
　麻辣油（花椒を加えた辣油）　15ml

香菜

1　モミジは長ネギ、ショウガを加えたたっぷりの鶏湯で1時間ゆでる。
2　骨を抜く（→23頁）。
3　麻辣ソースをつくる。材料をすべて合わせて冷しておく。
4　モミジを盛りつけ、麻辣ソースをかける。香菜を添える。

（出口喜和）

鶏足の芥子ソース和え
ジェィモォヂィジァォ
芥末鶏脚

もみじ

芥子ソースは生ダコにも合うし、塩を効かせた魚介類にも合う。ハクサイの塩漬けに濃いめにつくった芥子ソースを和えてもよい。辛さはマスタードの分量を増減して好みに調節する。

鶏モミジ　450g
鶏湯（→41頁）　適量
長ネギ、ショウガ（各ぶつ切り）　各適量

芥子ソース
　マスタード（粉末を練ったもの）　20g
　濃口醤油　15ml
　酢　2.5ml
　塩　少量
　山椒油　適量

香菜

＊山椒油：花椒を熱した油に加えて香りを移してつくる。

1　モミジは爪を切り落とし、長ネギ、ショウガを入れたたっぷりの鶏湯で1時間ゆでる。
2　骨を抜く（→23頁）。
3　芥子ソースをつくる。材料をすべて合わせて、ゆるめに仕上げる。辛みは好みで調節する。
4　②のモミジを芥子ソースで和える。モミジを盛りつけ、香菜を添える。

（出口喜和）

第4章 鶏の分類・銘柄鶏一覧

銘柄鶏という言葉はもちろんご存知だろう。
この章では日本全国北海道から沖縄まで広く分布する、
約150種にもおよぶ銘柄鶏を紹介する。
各銘柄とも鶏種、飼育方法、飼料、出荷日齢を工夫し、
それぞれの特徴を打ち出している。
使用する店の事情に合った鶏を選ぶために
役立つ情報を網羅した。
メニューに特徴、商品力をもたせるためにも、
ぜひ参考にし、取り入れていただきたい。
なお銘柄鶏一覧は県別に銘柄鶏をまとめている。

鶏肉の種類と特徴

[種類]

日本で流通している鶏肉の種類は、大きく分けると「一般鶏肉」「銘柄鶏肉」「成鶏肉」「輸入鶏肉」の4種類となる。それぞれ、と体（放血、脱羽後の食鳥）、中抜き（と体から内臓などを除いた状態）、解体品など各種形態で市場に出回っている。

[国産銘柄鶏]

最近知られるようになった国産銘柄鶏は右記銘柄鶏肉に属する。国産銘柄鶏はさらに「銘柄鶏」と「地鶏」に分けられる。

銘柄鶏

（定義）両親が地鶏に比べ増体に優れた肉専用種といわれるもので、できた素びなの羽色が褐色系で赤どりといわれるものとブロイラーといわれる通常の若どり（チキン）の場合があり、いずれの場合も親の鶏種とともに、通常の飼育方法と異なり工夫を加えた内容を明らかにした表示を食鳥処理場の出荷段階のパッケージ等に行なったものをいう。なお、小売段階においてもこれに準じて一定の表示を行なう。

地鶏

（定義）在来種の純系によるもの、また在来種を素びなの生産の両親か片親に使ったもので、在来種由来の血液百分率が50％以上のものを言う。生産方法では、飼育期間が80日以上であり、

28日齢以降平飼いや1㎡当たり10羽以下の飼育が必要である（在来種とは地鶏肉の日本農林規格の別表による）。

＊在来種：会津地鶏、伊勢地鶏、岩手地鶏、インギー鶏、烏骨鶏、鶉矮鶏、ウタイチャーン、エーコク、横斑プリマスロック種、沖縄髭地鶏、尾長鶏、河内奴鶏、雁鶏、岐阜地鶏、熊本種、久連子鶏、黒柏鶏、コーチン、声良鶏、薩摩鶏、佐渡髭地鶏、地頭鶏、芝鶏、軍鶏、小国鶏、矮鶏、東天紅鶏、蜀鶏、土佐九斤、土佐地鶏、対馬地鶏、名古屋種、比内鶏、三河種、蓑曳鶏、蓑曳矮鶏、宮地鶏、ロードアイランドレッド

[肉質の違い]

一般鶏肉（一般ブロイラー）

若鶏なので、肉、皮ともに軟らかいが、肉自体の味は濃くないので、調味料がよくしみるようにぶつ切りや切り身にしてから下味をつけたほうがよい。長時間煮込むと肉がくずれるので、比較的短時間で調理できるフライや焼き物などに向く。

銘柄鶏／ブロイラー

飼料や飼い方などが一般鶏肉と違って、さまざまな飼育形態がある。数多くの銘柄のなかから消費者の好みの銘柄を選ぶことができる。品種は一般鶏肉と同じなので、使い方などは一般鶏肉に準ずる。

銘柄鶏／赤どり

銘柄ブロイラー同様、飼料、飼い方などにさまざまな形態があるので、どんな調理に合うかは銘柄によってかなり違う。傾向として一般鶏肉よりも肉、皮ともに歯ごたえがあるので、調理時間も少し長くすることが必要。銘柄によっては飼育日数がかなり長いものもあり、肉質もずいぶん違うので、料理に合った銘柄を選ぶ。

（表1）国産銘柄鶏

種類別	出荷日齢	おもな品種
ブロイラー	55～70日齢	ホワイトコーニッシュ等
赤どり	65～120日齢	シェーバーレッドブロ レッドコーニッシュ レッドプリマスロック プレノアール等
兼用種	85～120日齢	ロードアイランドレッド 横斑プリマスロック
地鶏交雑種	80～150日齢	サツマ鶏、比内鶏、名古屋種等
しゃも交雑種	110～150日齢	シャモの交雑種

兼用種

長期間飼育しているので、肉、皮がやや かたくなっている。熱が通りやすいように切り分け、調理時間も長くする。鍋物、煮込み料理に適しているが、フライや焼き物には向かない。

地鶏／交雑種

長期間飼育しているので、肉、皮がやや かたくなっている。しかし肉の味は濃く、こくがあるので、この濃厚な味を活かして調理する。フライや焼き物には向かない。

しゃも／交雑種

長期間飼育。肉の味が濃く、脂肪も適当についているので、切り身にして鍋物、煮込み料理に最適。短時間の調理には向かない。

成鶏肉

老鶏、廃鶏などと呼ばれている。加工食品やスープなどの材料として使用されるが、一般の小売店では入手できない。採卵用ではなくブロイラーの種鶏肉ならば、煮込み料理やカレー、シチューなどに向く。長時間加熱することで肉、皮ともに軟らかくなる。

輸入鶏肉

ブロイラーと地鶏がある。輸入の大半はブロイラーで、中国、タイ、アメリカ、ブラジルなどからおもに冷凍品として輸入される。国内産ブロイラーよりもさらに若齢で肉は軟らかく、肉の味は淡白なので、濃いめに下味をつけた短時間調理（フライなど）が向く。冷凍品とはいえ、3ヵ月以上たったものは酸化しているおそれがあるのでなるべく保存期間が短いものを求めるとよい。解凍後はすみやかに調理すること。ブレス鶏などに代表されるフランスなどからの輸入品は、赤ラベル（農産物全般にわたる品質保証制度）やAOC（原産地統制名称法）などの厳しい品質保証制度で定められた地鶏で、フランス料理店ではこれらを高く評価している。

[銘柄鶏の仕入れ方]

飲食店が銘柄鶏を仕入れる方法は2通りある。①産地直送と②流通業者に委託する方法で、どちらも一長一短がある。産地直送の利点は鮮度がよいこと。これにつき、ただし配送料金などのコストがかかるし、各部位すべてをセットで購入しなければならない銘柄もある。一方流通業者に委託した場合は、在庫調整がきくし、全部位をセット買いをしなくてもすむという利点がある。ただし、日時や頻度など各社の配送網に合わせなければならないという制約もある。まずは産地と直接話をし、それぞれの店の営業事情に照らし合わせて、流通業者を介して仕入れることが可能かどうかを確認し、可能であれば流通業者を通すのが常道であろう。

現在はチルドが主流である。冷凍品の場合は、マイナス18℃以下を常にキープできる状況下でないとむずかしい。

参考資料

鶏肉をおいしくたべるための知識（農学博士駒井亨著・社団法人日本食鳥協会刊）

国産銘柄鶏ガイドブック2003年度版（社団法人日本食鳥協会監修・㈱全国食鳥新聞社刊）

国産銘柄鶏一覧

（なお本データは平成15年2月現在のものとする）

- ◎銘柄
- 生産者名
- 住所・電話
- 種 鶏種
- 齢 出荷日齢
- 重 出荷体重
- 形 飼育形態
- 飼 給与飼料

北海道

◎中札内田舎どり
㈲中札内若どり
北海道河西郡中札内村元札内東2線51-4
TEL 0155-69-44431
種 ♂チャンキー♀チャンキー
齢 30～60日
重 1.3kg、1.7kg、3.0kg
形 平飼い
飼 一般飼料、地養素、NON-GMO飼料

◎中札内産赤どり
㈲中札内若どり
北海道河西郡中札内村元札内東2線51-4
TEL 0155-69-44431
種 ♂シェーバーレッド♀シェーバーレッド
齢 70日
重 2.9kg
形 平飼い
飼 一般飼料、地養素、NON-GMO飼料

青森県

◎味鶏肉
第一ブロイラー㈱
八戸市卸センター1-11-8
TEL 0178-28-2156
種 ♂チャンキー、コップ♀チャンキー、コップ
齢 60日以上
重 3.5kg以上
形 平飼い
飼 専用配合飼料

◎めぐみどり （別称）大地鶏、奥入瀬鶏
第一ブロイラー㈱
八戸市卸センター1-11-8
TEL 0178-28-2156
種 ♂チャンキー、コップ♀チャンキー、コップ
齢 54日
重 2.7kg
形 平飼い
飼 専用配合飼料

◎まごころ
第一ブロイラー㈱
八戸市卸センター1-11-8
TEL 0178-28-2156
種 ♂チャンキー、コップ♀チャンキー、コップ
齢 54日
重 2.7kg
形 平飼い
飼 とうもろこしを使用しない飼料

岩手県

◎奥州若鶏
㈱阿部繁孝商店
二戸市福岡字中町13
TEL 0195-23-2111
種 ♂チャンキー、コップ♀チャンキー、コップ
齢 52.5日
重 2.85kg
形 平飼い
飼 専用配合飼料、全期間無薬飼料

◎さわやか あべどり
㈱阿部繁孝商店
二戸市福岡字中町13
TEL 0195-23-2111
種 ♂チャンキー、コップ♀チャンキー、コップ
齢 52.5日
重 2.85kg
形 平飼い
飼 漢方薬草入り植物性飼料を中心とした飼料

◎菜彩鶏

岩手農協チキンフーズ㈱
二戸市石切所字火行塚25
TEL 0195-23-7101
種 ♂ホワイトコーニッシュ♀ホワイトロック
齢 49〜65日
重 約2.75kg
形 平飼い
飼 動物性タンパク質原料を使用しない飼料（後期以降）。ビタミンE強化飼料（仕上げ期）

◎奥州いわいどり

㈱オヤマ
東磐井郡室根村折壁字愛宕下161
TEL 0191-64-3511
種 ♂ホワイトコーニッシュ♀ホワイトロック
齢 54日（前後3日）
重 2.8kg
形 平飼い（床面給温システム）
飼 指定配合飼料、休薬飼料（飼育20日齢以上）、地養素、オヤマSTミックスハーブ添加

◎地養鶏

㈱オヤマ
東磐井郡室根村折壁字愛宕下161
TEL 0191-64-3511
種 ♂ホワイトコーニッシュ♀ホワイトロック
齢 54日（前後3日）
重 2.8kg
形 平飼い（床面給温システム）
飼 指定配合飼料、休薬飼料（飼育20日齢以上）、地養素、オヤマSTミックスハーブ添加

◎奥の都どり

㈱オヤマ
東磐井郡室根村折壁字愛宕下161
TEL 0191-64-3511
種 ♂ホワイトコーニッシュ♀ホワイトロック
齢 50日（前後3日）
重 2.75kg
形 平飼い（床面給温システム）
飼 指定配合飼料、休薬飼料（飼育20日齢以上）、地養素、オヤマSTミックスハーブ添加

◎みちのく赤鶏

㈱十文字チキンカンパニー
二戸市石切所字火行塚25
TEL 0195-23-7101
種 ♂レッドコーニッシュ♀ロードアイランドレッド×（横斑プリマスロック×ニューハンプシャー）
齢 65〜75日
重 約2.85kg
形 平飼い
飼 動物性タンパク質原料を使用しない飼料（後期以降）、ビタミンE強化飼料（仕上げ期）

◎鶏王

㈱十文字チキンカンパニー
二戸市石切所字火行塚25
TEL 0195-23-7101
種 ♂ホワイトコーニッシュ♀ホワイトロック
齢 65日以上
重 約2.85kg
形 平飼い
飼 後期飼料は天然酵母（ファフィア酵母）を配合

◎菜彩鶏

㈱十文字チキンカンパニー
二戸市石切所字火行塚25
TEL 0195-23-7101
種 ♂ホワイトコーニッシュ♀ホワイトロック
齢 49〜65日
重 約2.75kg
形 平飼い
飼 動物性タンパク質原料を使用しない飼料（後期以降）、ビタミンE強化飼料（仕上げ期）

◎南部どり

㈱A.B.C.ファーム
東磐井郡大東町摺沢字但馬崎89-14
TEL 0191-75-3516
種 ♂ホワイトコーニッシュ♀ホワイトロック
齢 60日
重 2.65kg
形 ウインドレス平飼い。フロアヒーティング。
飼 全期間抗菌性物質無添加飼料、NON-GMOコーン、三陸産カキ殻、海藻粉末、日高産昆布粉末等投与

◎南部どり純鶏

㈱A.B.C.ファーム
東磐井郡大東町摺沢字但馬崎89-14
TEL 0191-75-3516
種 ♂レッドコーニッシュ♀ホワイトロック
齢 65日
重 2.65kg
形 ウインドレス平飼い。フロアヒーティング。
飼 全期間抗菌性物質無添加飼料、NON-GMOコーン、三陸産カキ殻、海藻粉末、日高産昆布粉末等投与

◎南部どり赤かしわ

㈱A.B.C.ファーム
東磐井郡大東町摺沢字但馬崎89-14
TEL 0191-75-3516

- 種 ♂S44♀JA57
- 齢 80日
- 重 2.35kg
- 形 平飼い
- 飼 植物性飼料、NON-GMOコーン、全期間抗菌性物質無添加飼料、有用微生物、三陸産カキ殻、日高産昆布粉末等投与

◎笹どり

㈱A.B.C.ファーム
東磐井郡大東町摺沢字但馬崎89-14
TEL 0191-75-3516

- 種 ♂S44♀JA57
- 齢 90日以上
- 重 2.85kg
- 形 平飼い
- 飼 植物性飼料、NON-GMOコーン、有用微生物、三陸産カキ殻、全期間抗菌性物質無添加飼料、日高産昆布粉末等投与

◎サラダチキン

ときめきファーム㈱新鮮工房
岩手郡玉山村大字好摩字中塚3-3
TEL 019-682-0240

- 種 ♂チャンキー、コップ♀チャンキー、コップ
- 齢 53日
- 重 2.8kg
- 形 平飼い
- 飼 専用飼料

宮城県

◎みちのく鶏

丸紅畜産㈱宮城事業所
石巻市北村字涌谷沢2番地の1
TEL 0225-73-2011

- 種 ♂チャンキー種♀チャンキー種
- 齢 54日
- 重 2.8kg
- 形 平飼い
- 飼 指定配合飼料

秋田県

◎比内地鶏

JAあきた北央
北秋田市川井字連岱72
TEL 0186-78-4225

- 種 ♂比内鶏♀ロードアイランドレッド
- 齢 170日
- 重 2.6kg
- 形 放し飼い
- 飼 0～60日までレイヤー用、60日齢以降比内地鶏専用飼料、100日以降プラス自家配合

◎比内地鶏

㈱本家比内地鶏
北秋田郡比内町大葛字芦内口道下69
TEL 0186-57-2002

- 種 ♂比内鶏♀プリマスロック
- 齢 162日
- 重 2.4kg
- 形 放し飼い
- 飼 比内地鶏仕上げ

福島県

◎伊達鶏

日新殖産㈱委託農家
伊達郡梁川町字東塩野川25-1
TEL 024-577-3112

- 種 ♂ロードアイランドレッド♀ロードアイランドレッド×ニューハンプシャー
- 齢 75日
- 重 3.0kg
- 形 平飼い
- 飼 伊達鶏専用飼料

◎川俣シャモ

川俣シャモ振興会
伊達郡川俣町字五百田30
TEL 024-566-2111

- 種 ♂レッドコーニッシュ×シャモ♀ロードアイランドレッド
- 齢 112日
- 重 2.76kg
- 形 平飼い・放し飼い
- 飼 川俣シャモ専用飼料

茨城県

◎奥久慈しゃも

農事組合法人奥久慈しゃも生産組合
久慈郡大子町袋田3721
TEL 02957-2-4250

◎やさとしゃも （別称）北浦しゃも

- 種 ♂シャモ♀名古屋種×ロードアイランドレッド
- 齢 135日
- 重 2.25kg
- 形 平飼い
- 飼 専用飼料、農家自家製青物

JAやさと産直課
新治郡八郷町大字山崎297-5
TEL 0299-46-1815

◎筑波地鶏

- 種 ♂大型シャモ♀ホワイトロック×土佐九斤×はりま2号
- 齢 105日（オスメス平均）
- 重 3.0kg
- 形 平飼い開放鶏舎
- 飼 軍鶏専用指定配合飼料、NON-GMO、PHFC、オリゴ糖、納豆菌を加え無薬飼料、油脂添加なし

㈲共栄ファーム
西茨城郡岩瀬町水戸210
TEL 0296-75-4152

◎筑波茜鶏

- 種 ♂ホワイトコーニッシュ♀比内鶏×ロードアイランドレッド♀
- 齢 80日以上
- 重 3.0kg
- 形 平飼い
- 飼 純植物性飼料、遺伝子組換フリー（主原）、PHF（主原）、抗生物質・抗菌剤無投与

㈲共栄ファーム
西茨城郡岩瀬町水戸210
TEL 0296-75-4152

- 種 ♂ロードアイランドレッド♀ニューハンプシャー×ロードアイランドレッド

栃木県

◎那須の神那どり （別称）神那どり

- 種 ♂コーニッシュ♀白色ロック
- 齢 80日
- 重 3.8kg
- 形 平飼い
- 飼 市販ブロイラー飼料にEM菌を添加

日本サンファーム㈱
那須郡小川町谷田120
TEL 0287-96-3106

- 齢 80日平均
- 重 3.1kg
- 形 平飼い
- 飼 純植物性飼料、遺伝子組換フリー（主原）、PHF（主原）、抗生物質・抗菌剤無投与

◎錦どり

- 種 ♂コーニッシュ♀白色ロック
- 齢 100日
- 重 4.5kg
- 形 平飼い
- 飼 市販ブロイラー飼料にEM菌を添加

日本サンファーム㈱
那須郡小川町谷田120
TEL 0287-96-3106

◎栃木しゃも

- 種 ♂しゃも♀父系：プレノアール種×母系：ロードアイランドレッド種

石澤 慎一しゃも農場
鹿沼市樅山町206-2
TEL 0289-64-5743

群馬県

◎上州風雷どり

- 種 ♂薩摩鶏系×比内鶏系♀レッドロック系
- 齢 85日
- 重 2.05kg
- 形 平飼い
- 飼 NON-GMO、PHFトウモロコシ、NON-GMOハイブロ大豆粕を主原料、全期間無薬飼料

群馬農協チキンフーズ㈱
北群馬郡吉岡町漆原2500
TEL 0279-54-8511

- 齢 140日
- 重 2.8kg
- 形 平飼い、雌雄混合群飼、600羽／1群
- 飼 幼すう及び中すう期：市販配合飼料、仕上げ期：自家配合飼料（醗酵飼料・大豆・大麦・大すう用市販配合飼料）

◎榛名赤どり

- 種 ♂レッドコーニッシュ×レッドロック♀ロードアイランドレッド×ニューハンプシャー
- 齢 70日
- 重 2.8kg
- 形 平飼い・開放鶏舎
- 飼 純植物性飼料、薬剤無添加飼料、微生物混合飼料

ミヤマブロイラー㈱
群馬郡榛名町高浜1062
TEL 027-343-2000

◎名古屋コーチン

ミヤマブロイラー㈱
群馬郡榛名町高浜1062
TEL 027-343-2000

榛名百日鶏

- 種 ♂名古屋種♀名古屋種
- 齢 120日
- 重 2.0kg
- 形 平飼い・開放鶏舎
- 飼 純植物性飼料、微生物添加飼料、休薬期間60日以上

- 種 ♂サッソー♀サッソー
- 齢 100日
- 重 4.0kg
- 形 平飼い・開放鶏舎
- 飼 純植物性飼料、休薬期間60日以上

TEL 0277-343-2000
群馬郡榛名町高浜1062
ミヤマブロイラー㈱

◎榛名若鶏

- 種 ♂ホワイトコーニッシュ♀ホワイトプリマスロック
- 齢 56日
- 重 2.85kg
- 形 平飼い・開放鶏舎
- 飼 純植物性飼料、納豆菌・木酢等添加飼料、約4週間無薬飼料

TEL 0277-343-2000
群馬郡榛名町高浜1062
ミヤマブロイラー㈱

◎プレノワール （別称）榛名黒どり

- 種 ♂プレノワール♀プレノワール
- 齢 100日
- 重 2.7kg

TEL 0227-343-2000
群馬郡榛名町高浜1062
ミヤマブロイラー㈱

千葉県

◎名古屋コーチン

- 種 ♂名古屋種♀名古屋種
- 齢 約125日
- 重 約2.2kg
- 形 平飼い
- 飼 特殊配合飼料

TEL 0478-57-0111
佐原市大倉字側高5708-2
丸トポートリー食品㈱関東支店

◎水郷赤鶏 （別称）赤どり

- 種 ♂ニューハンプシャー×ロードアイランドレッド♀ロードアイランドレッド
- 齢 約70日
- 重 ♂2.8kg♀2.3kg
- 形 平飼い
- 飼 専用設計飼料と木酢活用

TEL 0478-57-0111
佐原市大倉字側高5708-2
丸トポートリー食品㈱関東支店

◎水郷若どり （別称）水郷どり

- 種 ♂ホワイトコーニッシュ系♀ホワイトロック系
- 齢 約60日
- 重 約3.0kg♀2.5kg
- 形 平飼い
- 飼 専用設計飼料と木酢活用

TEL 0478-57-0111
佐原市大倉字側高5708-2
丸トポートリー食品㈱関東支店

◎地養鳥

- 種 ♂ホワイトコーニッシュ♀ホワイトプリマスロック
- 齢 57日
- 重 2.9kg
- 形 平飼い
- 飼 地養素添加配合飼料

TEL 04-7131-4178
柏市新十余二8-1
日鶏食産㈱

◎華味鳥

- 種 ♂ホワイトコーニッシュ系♀ホワイトプリマスロック系
- 齢 57日
- 重 2.8kg
- 形 平飼い
- 飼 特殊配合飼料

TEL 04-7131-4178
柏市新十余二8-1
日鶏食産㈱

◎あじわい鳥

- 種 ♂ホワイトコーニッシュ系♀ホワイトプリマスロック系
- 齢 57日
- 重 2.8kg
- 形 平飼い

TEL 04-7131-4178
柏市新十余二8-1
日鶏食産㈱

◎愛彩ハーブチキン

- 飼 ハーブ＋ビタミンEのプレミックスを給与
- 形 平飼い
- 重 2.9kg
- 齢 53日
- 種 ♂チャンキー、コップ♀チャンキー、コップ
- TEL 043-2228-2811
- 千葉市若葉区高根町426番地
- ときめきファーム㈱

◎上総赤どり

- 飼 専用飼料
- 形 平飼い
- 重 3.0kg
- 齢 75日
- 種 ♂レッドコーニッシュ♀ロードアイランドレッド
- TEL 043-2228-2811
- 千葉市若葉区高根町426番地
- ときめきファーム㈱

東京都

◎東京しゃも

- 飼 採卵用成鶏飼料
- 形 バタリー（一部平飼い）
- 重 2.2kg
- 齢 130日
- 種 ♂シャモ♀F1（ロードアイランド×シャモ）
- TEL 0426-44-0274
- 八王子市子安町1丁目30-4
- 都民畜産協会

◎香鶏（別称）蔵王土鶏

- 飼 配合飼料
- 形 開放＆平飼い
- 重 2.45kg
- 齢 90日
- 種 ♂泰山鶏♀泰山鶏
- TEL 03-5610-5511
- 墨田区錦糸1丁目5-17-202
- ㈱蔵王フーズ

◎森林どり

- 飼 指定配合飼料、ネッカリッチ添加、休薬10日以上
- 形 平飼い
- 重 2.75kg
- 齢 53.5日
- 種 ♂チャンキー種♀チャンキー種
- TEL 03-5640-3520
- 中央区日本橋浜町3-15-1
- 丸紅畜産㈱

山梨県

◎さわやか健味どり（別称）いちやま健味どり

- 飼 非遺伝子組み換え原料使用
- 形 平飼い
- 重 3.0kg
- 齢 55日
- 種 ♂ホワイトコーニッシュ♀ホワイトロック
- TEL 055-265-5050
- 笛吹市八代町米倉1447
- 甲斐食産㈱

◎甲州地どり

- 飼 配合飼料、休薬90日
- 形 放し飼い
- 重 3.0kg
- 齢 120日
- 種 ♂シャモ♀劣性ホワイトプリマスロック
- TEL 055-266-4462
- 笛吹市境川村藤垈
- 甲州地どり普及生産組合

◎健味どり（別称）富士高原どり

- 飼 植物性タンパク質を主体とする飼料
- 形 平飼い
- 重 3.0kg
- 齢 58日
- 種 ♂ホワイトコーニッシュ♀ホワイトロック
- TEL 055-265-5050
- 笛吹市八代町米倉1447
- 甲斐食産生産組合

◎健味赤どり

- 飼 平飼い、開放鶏舎
- 形 平飼い、開放鶏舎
- 重 3.0kg
- 齢 70〜80日
- 種 ♂レッドコーニッシュ♀ニューハンプシャー
- TEL 055-265-5050
- 笛吹市八代町米倉1447
- 甲斐食産㈱

飼 ブロイラーのスタンダードの飼料と比較して低いカロリーにして給与

新潟県

◎越後ハーブ鶏
㈱ニイブロ
新発田市藤塚浜3310-8
TEL 0254-41-4100
種 ♂ホワイトコーニッシュ♀ホワイトロック
齢 49〜55日
重 2.8kg
形 平飼い
飼 配合飼料(ハーブ添加)

◎越の鶏
㈱ニイブロ
新発田市藤塚浜3310-8
TEL 0254-41-4100
種 ♂ホワイトコーニッシュ♀ホワイトロック
齢 49〜55日
重 2.8kg
形 平飼い
飼 配合飼料(ヨモギ粉末、乳酸菌等添加)

◎IP鶏
㈱ニイブロ
新発田市藤塚浜3310-8
TEL 0254-41-4100
種 ♂ホワイトコーニッシュ♀ホワイトロック
齢 49〜55日
重 2.8kg
形 平飼い
飼 非遺伝子組み換え原料を使用した無薬飼料

石川県

◎能登どり
㈲石川県ブロイラー生産組合
かほく市高松乙2-96
TEL 076-281-2211
種 ♂チャンキー♀チャンキー
齢 58日
重 2.9kg
形 平飼い
飼 独自飼料(植物性タンパク質主体)

岐阜県

◎美濃地鶏
㈱後藤孵卵場美濃かしわ事業本部
関市下白金28-1
TEL 0575-28-2131
種 ♂名古屋種(コーチン)♀ロードアイランドレッド(ゴトウ赤鶏)
齢 110日
重 2.2kg
形 平飼い
飼 指定配合飼料

◎奥美濃古地鶏
岐阜アグリフーズ㈱
山県市高富227-4
TEL 0581-22-1361
種 ♂岐阜地鶏♀岐阜地鶏改良種♀ホワイトプリマスロック×ロードアイランドレッド♀ロードアイランドレッド交配種
齢 87.5日
重 2.7kg

静岡県

◎ぐるめきどり (別称)鶏王どり、健味若どり
協同組合静岡若どり
静岡市葵区慈悲尾157
TEL 054-278-6851
種 ♂ホワイトコーニッシュ♀ホワイトロック
齢 58日
重 2.9kg
形 平飼い
飼 アグリブロ 前期・仕上げ

◎美味鳥 (別称)地養鳥、美味鳥、地養赤鳥
おいしい鶏㈱
磐田市笠梅462-1
TEL 0538-38-0811
種 ♂チャンキー、コッブ♀チャンキー、コッブ
齢 約56日
重 約2.9kg
形 平飼い
飼 長期休薬、生薬等を配合した専用飼料

◎太陽チキン
東富士農産㈱
御殿場市川島田1479-1
TEL 0550-89-3144
種 ♂ホワイトコーニッシュ♀ホワイトロック
齢 90日
重 4.0kg
形 平飼い
飼 専用飼料
開放鶏舎、坪羽数15羽 初生3週、前期3週〜出荷まで仕上げ

愛知県

◎純系名古屋コーチン
- 種 タッキーフーズ㈱
- 小牧市大字小牧原新田字小家前1141
- TEL 0568-72-5160
- ♂名古屋種♀名古屋種
- 齢 140日
- 重 2.4kg
- 形 平飼い
- 飼 配合飼料

◎三河赤鶏 （別称）さわやか赤どり
- 丸トポートリー食品㈱
- 豊橋市牟呂町字扇田14番地
- TEL 0532-45-29889
- ♂ニューハンプシャー×ロードアイランドレッド♀ロードアイランドレッド
- 齢 70日
- 重 ♂2.8kg♀2.3kg
- 形 平飼い
- 飼 専用設計飼料と木酢酸活用

◎三河どり
- 丸トポートリー食品㈱
- 豊橋市牟呂町字扇田14番地
- TEL 0532-45-29889
- 種 ♂ホワイトコーニッシュ系♀ホワイトロック系
- 齢 約60日
- 重 ♂3.0kg♀2.5kg
- 形 平飼い
- 飼 専用設計飼料と木酢酸活用

◎純系名古屋コーチン
- 丸トポートリー食品㈱
- 豊橋市牟呂町字扇田14番地
- TEL 0532-45-29889
- ♂名古屋種♀名古屋種
- 齢 125日
- 重 2.2kg
- 形 平飼い
- 飼 専用設計飼料と木酢酸活用

◎渥美赤どり
- ㈱マルセ
- 田原市神戸町大坪240
- TEL 0531-22-0200
- 種 ♂シェーバレッドブロ♀シェーバレッドブロ
- 齢 74日
- 重 3.0kg
- 形 平飼い
- 飼 前期、後期共に専用の休薬飼料に微生物醗酵飼料と木酢酸混合飼料を添加

◎純系名古屋コーチン
- 名古屋コーチン普及協会
- 名古屋市天白区天白町大字平針字黒石2872-3
- TEL 052-801-5321
- 種 ♂肉用名古屋種♀肉用名古屋種
- 齢 120～150日
- 重 ♂2.5kg♀2.0kg
- 形 平飼い
- 飼 コーチン肥育用飼料、コーチン仕上げ用飼料

三重県

◎嬉野赤鶏
- 丸トポートリー食品㈱松阪工場
- 松阪市駅部田町319
- TEL 0598-21-6028
- 種 ♂ニューハンプシャー×ロードアイランドレッド♀ロードアイランドレッド
- 齢 約70日
- 重 ♂2.8kg♀2.3kg
- 形 平飼い
- 飼 専用設計飼料と木酢酸活用

◎伊勢どり
- 丸トポートリー食品㈱松阪工場
- 松阪市駅部田町319
- TEL 0598-21-6028
- 種 ♂ホワイトコーニッシュ系♀ホワイトロック系
- 齢 約60日
- 重 ♂3.0kg♀2.5kg
- 形 平飼い
- 飼 専用設計飼料と木酢酸活用

◎青山高原の朝引どり
- 近食青山農場㈲
- 伊賀市北山1671
- TEL 0595-52-1307
- 種 ♂コッブ♀コッブ
- 齢 62日
- 重 3.3kg
- 形 平飼い
- 飼 配合飼料、乳酸菌、オリゴ糖、ミネラル他

◎青山高原の赤どり
近食青山農場㈲
伊賀市北山1671
TEL 0595-52-1307
種 ♂シェーバーレッド♀シェーバーレッド
齢 65日
重 2.2kg
形 平飼い
飼 配合飼料、乳酸菌、オリゴ糖、ミネラル他

◎伊勢赤どり
松阪食肉センター
松阪市市場庄1172-1
TEL 0598-56-2454
種 ♂レッドコーニッシュ系♀ニューハンプシャー系
齢 75日
重 3.0kg
形 平飼い
飼 伊勢赤どり専用飼料を給与

◎奥伊勢 七保どり
瀬古食品㈲
松阪市稲木町254-1
TEL 0598-28-2428
種 ♂チャンキー♀チャンキー
齢 60日
重 2.8kg
形 平飼い
飼 専用飼料

滋賀県

◎近江しゃも
近江しゃも普及推進協議会
近江八幡市鷹飼町北4-12-2
TEL 0748-33-4345
種 ♂シャモ種♀ニューハンプシャー×横斑プリマスロック
齢 150日
重 2.8kg
形 開放鶏舎平飼い
飼 自家製配合飼料（醗酵飼料）

◎近江黒鶏
㈲シガチキンファーム
甲賀市水口町三大寺1277
TEL 0748-62-1948
種 ♂ニューハンプシャー×横斑プリマスロック×ロードアイランドレッド♀オーストラロープ
齢 110日
重 3.0kg
形 開放鶏舎平飼い
飼 自家製配合飼料（醗酵飼料）

◎近江鶏
㈲シガチキンファーム
甲賀市水口町三大寺1277
TEL 0748-62-1948
種 ♂チャンキー、コップ♀チャンキー、コップ
齢 75日
重 3.0kg
形 開放鶏舎平飼い
飼 自家製配合飼料（醗酵飼料）

京都府

◎あじわい丹波鶏
三栄商事㈱
天田郡夜久野町字日置小字森島377-2
TEL 0773-37-1090
種 ♂ホワイトコーニッシュ♀ホワイトロック
齢 58日〜
重 3.2kg
形 平飼い
飼 日和産業㈱専用飼料

◎丹波あじわいどり
三栄商事㈱
天田郡夜久野町字日置小字森島377-2
TEL 0773-37-1090
種 ♂ホワイトコーニッシュ♀ホワイトロック
齢 58日
重 2.8kg
形 平飼い
飼 日和産業㈱専用飼料

◎京地どり
㈱共立
京丹後市峰山町二箇1492-1
TEL 0772-62-1858
種 ♂シャモ♀横斑プリマスロック×名古屋
齢 140日
重 2.5kg
形 平飼い
飼 ブロイラー用配合飼料

206

大阪府

◎京赤地どり
- 中央食鶏㈱
- 京都市下京区梅小路東中町104-3
- TEL 075-3133-4811
- 種 ♂ロードアイランドレッド×横斑プリマスロック×ニューハンプシャー♀ロードアイランドレッド×横斑プリマスロック×ニューハンプシャー
- 齢 80日
- 重 3.0kg
- 形 1坪当たり25羽の平飼い
- 飼 京赤地どり専用配合飼料（完全無薬）、ポストハーベストフリー、遺伝子組み換えなしのコーンを使用

◎葵之地鶏
- 鳥ぴん㈱
- 都島区都島本通5丁目15-10　鳥ぴん㈱内
- TEL 06-6921-2366
- 種 ♂レッドコーニッシュ×ロードアイランドレッド♀ロードアイランドレッド
- 齢 82日
- 重 3.0kg
- 形 平飼い、開放鶏舎
- 飼 紀州特配飼料飼育管理マニュアル

兵庫県

◎丹波地どり
- 協和食品㈱
- 丹波市春日町七日市75
- TEL 0795-74-0451
- 種 ♂ロードアイランドレッド×ロードアイランドレッド♀ニューハンプシャー×ロードアイランドレッド
- 齢 85日
- 重 3.3kg
- 形 平飼いで基本的には開放鶏舎。全体の25％が運動場つき。地鶏専用の全期間薬品無添加飼料。カテキン・乳酸菌・オリゴ糖などを添加した100％植物性原料の飼料で仕上げ

◎松風地どり
- 三田松風地どり
- 三田市小野1085
- TEL 079-566-0558
- 種 ♂純粋名古屋コーチン♀純粋名古屋コーチン
- 齢 ♂180日／♀270日
- 重 ♂3.2kg／♀2.2kg
- 形 平飼い
- 飼 低カロリーなポストハーベストフリーで遺伝子組み換えをしていない、ホルモン剤や抗生物質の含まれない安全な配合飼料

◎但馬のすこやかどり
- 但馬養鶏農業協同組合
- 豊岡市日高町浅倉45
- TEL 0796-42-23571
- 種 ♂ホワイトコーニッシュ♀ホワイトロック
- 齢 57日
- 重 3.1kg
- 形 平飼い
- 飼 伊藤忠飼料㈱の「IPすこやか」

◎但馬の味どり
- 但馬養鶏農業協同組合
- 豊岡市日高町浅倉45
- TEL 0796-42-23571
- 種 ♂ホワイトコーニッシュ♀ホワイトロック
- 齢 57日
- 重 3.1kg
- 形 平飼い
- 飼 伊藤忠飼料㈱

◎但馬どり
- 但馬養鶏農業協同組合
- 豊岡市日高町浅倉45
- TEL 0796-42-23571
- 種 ♂ホワイトコーニッシュ♀ホワイトロック
- 齢 80～85日
- 重 4.5～5.0kg
- 形 平飼い

◎播州地どり
- JAみのり養鶏事業所
- 多可郡加美町山野部161-1
- TEL 0795-35-1026
- 種 ♂薩摩種×名古屋種♀プリマスロック
- 齢 125日
- 重 3.3kg
- 形 平飼い開放鶏舎、運動場（屋外）
- 飼 「播州地どり」専用（大豆・トウモロコシはNON-GMの非遺伝子組み換え、ポストハーベストフリー）

◎播州百日どり
- JAみのり養鶏事業所
- 多可郡加美町山野部161-1
- TEL 0795-35-1026
- 種 ♂コーニッシュ♀サソー系（有色）
- 齢 約100日
- 重 4.0kg
- 形 平飼い開放鶏舎
- 飼 独自の配合飼料（大豆・トウモロコシはNON-GM、PHF）

奈良県

◎大和肉鶏

- 種: ♂シャモ♀名古屋種×ニューハンプシャー
- TEL: 0742-24-7117
- 大和肉鶏農業協同組合
- 奈良市高畑町1116-6　農業振興会館
- 齢: 135日
- 重: 2.6kg
- 形: 平飼い
- 飼: 肉用鶏飼料

和歌山県

◎紀州鶏

- 種: ♂シャモ♀ホワイトロック
- TEL: 0737-88-75575
- ㈱森孵卵場和歌山工場
- 有田市下中島87
- 齢: 110日
- 重: 3.4kg
- 形: 平飼い
- 飼: 配合飼料（有効微生物群・醗酵飼料添加）

鳥取県

◎大山 黒鶏 （別称）大山 赤黒鶏

- 種: ♂オーストラロープ♀ロードアイランドレッド
- TEL: 0858-53-1611
- JAとうはく
- 東伯郡琴浦町大字徳万558-1
- 齢: 100～105日

◎大山高原 希望味鶏 （別称）希望味鶏

- 種: ♂ホワイトコーニッシュ♀ホワイトロック
- TEL: 0858-53-1611
- JAとうはく
- 東伯郡琴浦町大字徳万558-1
- 齢: 56日
- 重: 2.85kg
- 形: 平飼い
- 飼: 前期14日齢まで3,130kcal／後期15日齢～出荷まで3,150kcal（飼料に抗菌剤、抗生物質を全く添加していない）

◎山陰産 大山どり （別称）大山どり

- 種: ♂ホワイトコーニッシュ♀ホワイトロック
- TEL: 0859-56-3121
- 山陰食鶏農業協同組合
- 米子市淀江町大字中間17
- 齢: 小物37日　大物59日
- 重: 小物1.75kg　大物3.25kg
- 形: 平飼い
- 飼: 植物性原料を主原料とした飼料で25日齢以降については抗生物質の入らない飼料を使用

◎鳥取地どり ピヨ（大山しゃも）

- 種: ♂軍鶏×ロードアイランドレッド♀ホワイトロック
- TEL: 0859-56-3121
- 山陰食鶏農業協同組合
- 米子市淀江町大字中間17
- 齢: 80日以上
- 重: 3.3kg
- 形: 平飼い
- 飼: 50日齢以降植物性の特別調整の飼料給与

岡山県

◎おかやま地どり

- 種: ♂白色プリマスロック♀ロードアイランドレッド×横斑プリマスロック
- TEL: 0867-27-3321
- おかやま地どり振興会
- 久米郡美咲町北2572（岡山県総合畜産センター内）
- 齢: 95日
- 重: 3.2kg
- 形: 平飼い
- 飼: 市販配合飼料

◎岡山桃太郎地どり

- 種: ♂ニューハンプシャー×ロードアイランドレッド♀ニューハンプシャー×ロードアイランドレッド
- TEL: 0868-54-0188
- ㈲岡山県ブロイラー
- 苫田郡鏡野町下原1647-1
- 齢: 約120日
- 重: 4.0kg
- 形: 平飼い
- 飼: 遺伝子操作しない収穫後無薬のトウモロコシを原料とし、抗生物質を含まない特殊専用飼料を28日齢以降出荷まで使用

（和歌山県 大和肉鶏 続き）
- 重: 3.25kg
- 形: 平飼い飼育の開放鶏舎
- 飼: 前期14日齢まで3,130kcal／休薬（出荷まで）2,900kcal／後期42日齢まで2,900kcal～全て完全植物性飼料を給与

広島県

◎吉備高原どり
- 飼 植物性飼料
- 形 平飼い
- 重 3.0kg
- 齢 55日
- 種 ♂チャンキー、コップ♀チャンキー、コップ
- TEL 0868-54-0188
- (有)岡山県ブロイラー
- 苫田郡鏡野町下原1647-1

◎帝釈峡 しゃも地鳥
- 飼 仕上げ飼料はビタミンのみ添加の無添加飼料。遺伝子操作をしない原料を使用。投薬なし
- 形 立体
- 重 2.5kg
- 齢 150日
- 種 ♂ホワイトロック♀シャモ×ロードアイランドレッド
- TEL 08478-6-0763
- 帝釈峡特産物加工組合
- 神石郡神石高原町永野2681-1

山口県

◎長州赤どり
- 形 平飼い
- 重 3.0kg
- 齢 65〜75日
- 種 ♂ニューハンプシャー×ロードアイランドレッド♀ロードアイランドレッド
- TEL 0837-22-2121
- 深川養鶏農業協同組合
- 長門市東深川1859-1

◎長州どり
- 飼 抗生物質や合成抗菌剤を使用しないハーブ入り飼料
- 形 平飼い
- 重 2.8kg
- 齢 36〜55日
- 種 ♂コップ、チャンキー♀コップ、チャンキー
- TEL 0837-22-2121
- 深川養鶏農業協同組合
- 長門市東深川1859-1

徳島県

◎神山鶏
- 飼 抗生・抗菌物質全期間無添加。イシイミックス、PHFコーン、非GMコーン、大豆、植物性タンパク質飼料使用
- 形 平飼い
- 重 3.0kg
- 齢 60〜80日
- 種 ♂コップ♀コップ
- TEL 088-675-1122
- ㈱イシイフーズ
- 名西郡石井町高川原字加茂野65

◎阿波すだち鳥
- 飼 抗生・抗菌物質全期間無添加、イシイミックス（生菌剤）
- 形 平飼い
- 重 2.8kg
- 齢 50〜60日
- 種 ♂コップ、チャンキー♀コップ、チャンキー
- TEL 088-675-1122
- ㈱イシイフーズ
- 名西郡石井町高川原字加茂野65

◎阿波尾鶏
- 飼 PHF、NON-GMOトウモロコシ、大豆油かす
- 形 平飼い、開放鶏舎
- 重 3.2kg
- 齢 83日
- 種 ♂シャモ♀ホワイトプリマスロック
- TEL 0884-73-3600
- オンダン農業協同組合
- 海部郡海部町大井字大谷11番地

◎彩どり（別称）自然どり
- 飼 PHF、NON-GMO飼料、EM菌・生薬を添加
- 形 平飼い、開放鶏舎
- 重 3.0kg
- 齢 52日
- 種 ♂チャンキー♀チャンキー
- TEL 0884-73-3600
- オンダン農業協同組合
- 海部郡海部町大井字大谷11番地

◎あづま鳥
- 齢 100日
- 重 3.5〜4.5kg
- 種 ♂白色コーニッシュ♀白色ロック
- TEL 0883-63-5511
- 貞光食糧工業㈲
- 美馬郡つるぎ町貞光字小山北168-2

◎地養鳥
- 飼 地養素配合飼料
- 形 平飼い
- TEL 0883-63-5511
- 貞光食糧工業㈲
- 美馬郡つるぎ町貞光字小山北168-2

香川県

◎讃岐コーチン

- 飼 地養素配合飼料
- 形 平飼い
- 齢 55～58日
- 重 2.8～3.2kg
- 種 ♂白色コーニッシュ♀白色ロック

◎阿波尾鶏

貞光食糧工業㈲
美馬郡つるぎ町貞光字小山北168-2
TEL 0883-63-5511

- 種 ♂軍鶏♀ホワイトプリマスロック
- 齢 80日以上
- 重 3.0～3.5kg
- 形 平飼い
- 飼 地養素配合飼料

◎讃岐コーチン

まるほ食品㈱
仲多度郡多度津町北鴨3-1-55
TEL 0877-33-2265

- 種 ♂讃岐コーチン♀ホワイトロック
- 齢 90日
- 重 2.9kg
- 形 平飼い、開放鶏舎
- 飼 専用飼料

◎讃岐コーチン

讃岐三畜銘柄化普及推進協議会
高松市寿町1-3-6
TEL 087-825-02384

- 種 ♂讃岐コーチン♀ホワイトロック
- 齢 90日

◎瀬戸あじわいどり （別称）あじわいどり、風味鳥

三栄ブロイラー販売㈱
高松市松並町658
TEL 087-867-25223

- 種 ♂ホワイトコーニッシュ♀ホワイトロック
- 齢 55日
- 重 3.1kg
- 形 平飼い
- 飼 あじわいどり専用飼料

◎健（すこやか）21

三栄ブロイラー販売㈱
高松市松並町658
TEL 087-867-25223

- 種 ♂ホワイトコーニッシュ♀ホワイトロック
- 齢 55日
- 重 3.0kg
- 形 平飼い、開放鶏舎
- 飼 ブロイラー用前期：3週まで、ブロイラー用後期：7週まで、ブロイラー用仕上げ：出荷まで

愛媛県

◎伊予赤どり

県農・えひめフレッシュフーズ㈱食鳥事業部
伊予郡松前町大字徳丸771-18
TEL 089-984-8160

- 種 ♂ロードアイランドレッド（大型）×レッドコーニッシュ♀ロードアイランドレッド
- 齢 80日以上

◎浜地鶏

愛媛マルハ㈱
八幡浜市矢野町1丁目
TEL 0894-22-0007

- 種 ♂コッブ種♀コッブ種
- 齢 60日
- 重 2.9kg
- 形 平飼い
- 飼 1～21日ブロイラー用前期、22～60日ブロイラー用後期、61日以降ブロイラー用仕上（休薬）

◎伊予路しゃも

愛媛県養鶏試験場
西条市福成寺乙159
TEL 0898-66-5004

- 種 ♂しゃも♀ロードアイランドレッド♂×名古屋種♀
- 齢 120日
- 重 2.4kg
- 形 平飼い、放し飼い
- 飼 市販ブロイラー飼料、他農産物残渣

◎姫っこ地鶏

愛媛県養鶏試験場
西条市福成寺乙159
TEL 0898-66-5004

- 種 ♂白色プリマスロック♀伊予路しゃも
- 齢 80日以上
- 重 2.8kg
- 形 平飼い、放し飼い
- 飼 市販ブロイラー飼料、他農産物残渣

奥伊予地鶏

- ㈱ビージョイ ブロイラー事業部
- 松山市南吉田町2301-1
- TEL 089-971-7450
- 種 ♂レッドコーニッシュ♀ロードアイランドレッド
- 齢 85日
- 重 3.0kg
- 形 平飼い
- 飼 日本農産、昭和産業の前期・後期・休薬飼料使用 ホストハーベストフリー※非遺伝子組み換え使用※八女茶

高知県

四万十鶏

- 高知県食鶏農業協同組合
- 高知市大津乙1755-1
- TEL 088-866-2898
- 種 ♂ホワイトコーニッシュ♀ホワイトロック
- 齢 57日
- 重 2.7kg
- 形 ウインドレス・平飼い
- 飼 若鶏用配合飼料にEM菌を添加

福岡県

福岡県産鶏 はかた一番どり

- ㈲南筑ファーム
- 久留米市御井町15381-16
- TEL 0942-43-5557
- 種 ♂(さざなみ)横班プリマスロック♀2元鶏♂ホワイトプリマスロック
- 齢 66日
- 重 3.0kg
- 形 平飼い
- 飼 前期CP229ME3080、後期CP189ME3100 ※

華味鳥

- トリゼンフーズ㈱第一事業部
- 福岡市博多区千代1-8-13
- TEL 092-641-3887
- 種 ♂ニューハンプシャー×ロードアイランドレッド♀ニューハンプシャー×ロードアイランドレッド×黄班プリマスロック
- 齢 56.5日
- 重 2.97kg
- 形 平飼い、開放
- 飼 華味鳥専用飼料(ケルプ入り)

華味鳥レッド90

- トリゼンフーズ㈱第一事業部
- 福岡市博多区千代1-8-13
- TEL 092-641-3887
- 種 ♂ニューハンプシャー×ロードアイランドレッド♀ニューハンプシャー×ロードアイランドレッド×黄班プリマスロック
- 齢 83日
- 重 3.25kg
- 形 平飼い、開放
- 飼 華味鳥専用飼料

はかた地どり

- 農事組合法人 福栄組合
- 久留米市北野町大字高良1369-3
- TEL 0942-78-4793
- 種 ♂軍鶏(しゃも)♀白色プリマスロック
- 齢 85日
- 重 3.2kg
- 形 平飼い
- 飼 はかた地どり(ジェイエイ北九州くみあい飼料)

佐賀県

みつせ鶏

- ㈱ヨコオ
- 鳥栖市山浦町1239
- TEL 0942-82-5125
- 種 ♂レッドコーニッシュ♀ニューハンプシャー
- 齢 約80日
- 重 2.75kg
- 形 平飼い
- 飼 みつせ鶏オリジナル飼料

ありたどり

- 有田食鳥生産組合
- 西松浦郡有田町大木乙2108
- TEL 0955-46-3030
- 種 ♂ホワイトコーニッシュ♀ホワイトロック
- 齢 55日
- 重 3.0kg
- 形 平飼い
- 飼 植物主体の原料を使った独自の配合飼料に昆布を乳酸醗酵して得られる抽出物を添加

長崎県

長崎赤鶏

- 長崎福鳥㈱
- 佐世保市千尽町3-46
- TEL 0956-31-7391
- 種 ♂サッソ×44♀サッソ31H
- 齢 70日
- 重 2.8kg
- 形 平飼い

◎つしま地どり
つしま地どり生産組合
大村市植松3-848-9
TEL 0957-53-6977
種 ♂レッドコーニッシュ×シャモ♀ホワイトロック×つしま地どり
齢 100〜110日
重 2.7kg
形 開放平飼い
飼 前期CP22・ME3,080、後期CP16・ME2,900、休薬CP16・ME2,900

◎長崎香味鶏
鶴川畜産飼料㈱
諫早市貝津町1830-20
TEL 0957-25-2400
種 ♂ホワイトコーニッシュ♀ホワイトロック
齢 52日
重 2.8kg
形 開放平飼い
飼 長期抗菌剤無投与飼育（前期20日間有薬、仕上32日間無投与）

◎ながさき自然鶏
鶴川畜産飼料㈱
諫早市貝津町1830-20
TEL 0957-25-2400
種 ♂ホワイトコーニッシュ♀ホワイトロック
齢 52日
重 2.8kg
形 開放平飼い
飼 抗菌剤無添加飼料

熊本県

◎筑前秋月どり 古処鶏
㈱チキン食品熊本工場
玉名郡南関町下坂下1087
TEL 0968-53-8136
種 ♂イサカラー♀イサカラー
齢 73日
重 2.9kg
形 平飼い
飼 スーパーPHFコーン使用、植物質油脂使用

◎肥後の赤どり
㈱熊本チキン
山鹿市鹿本町大字石渕1103-2
TEL 0968-46-3188
種 ♂イサカラー♀カラーパック
齢 70〜75日
重 3.0kg
形 平飼い、開放鶏舎

◎天草大王
㈱熊本チキン
山鹿市鹿本町大字石渕1103-2
TEL 0968-46-3188
種 ♂天草大王♀九州ロード
齢 100日以上
重 ♂4.0kg、♀3.2kg
形 平飼い、開放鶏舎
飼 ハーブ入り飼料（ローズマリー、セージ、クローブ）

◎庭鶏　（別称）肥後庭鶏、美濃かしわ庭鶏
㈱熊本チキン
山鹿市鹿本町大字石渕1103-2
TEL 0968-46-3188
種 ♂白色コーニッシュ♀白色ロック
齢 60日
重 2.7kg
形 平飼い、開放鶏舎
飼 天然ミネラルおよびEM菌添加

◎熊本コーチン
熊本県養鶏農業協同組合
菊池郡西合志町野々島43993-190
TEL 096-242-3131
種 ♂熊本コーチン♀白色ロード
齢 110日
重 3.0kg
形 平飼い
飼 マルベニ印配合飼料

大分県

◎豊のしゃも
内那地どり牧場
竹田市久住町大字添ケ津留643
TEL 0974-76-0891
種 ♂東京しゃも♀白色ロック×ロードアイランドレッド
齢 170日
重 正肉1.3kg
形 平飼い（運動場付き）
飼 自家配合飼料

◎豊後赤どり
田原ブロイラー
別府市東山2区1
TEL 0977-22-9864
種 ♂ニューハンプシャー♀ロードアイランドレッド
齢 85日
重 3.1kg
形 開放平飼い
飼 専用飼料

◎九州の赤どり
㈲藤野屋商店
竹田市大字菅生953
TEL 0974-65-23221
種 ♂グランルージュ・レッドコーニッシュ♀ロードアイランドレッド
齢 80日
重 3.4kg
形 平飼い
飼 日清飼料

宮崎県

◎高原ハーブどり
㈱エビス商事
都城市豊満町980-1
TEL 0986-39-4811
種 ♂ホワイトコーニッシュ♀ホワイトロック
齢 54日
重 2.7kg
形 開放平飼い
飼 フレッシュジョイ(前期3週齢まで)、サラダクリン(後期・3週齢から出荷まで)、いずれも抗生物質無添加

◎霧島どり
㈱エビス商事
都城市豊満町980-1
TEL 0986-39-4811
種 ♂ホワイトコーニッシュ♀ホワイトロック
齢 85日
重 3.2kg
形 開放平飼い
飼 3週齢までクリン前期、3週齢から仕上げまでサラダクリーン

◎ハーブ育ちチキン(九州・山口管内)
高原ハーブどり(九州・山口以外)
エビスブロイラーセンター㈱
西諸県郡野尻町大字紙屋3098
TEL 0984-46-0414
種 ♂コップ、チャンキー♀コップ、チャンキー
齢 55日
重 2.7kg
形 平飼い
飼 前期・後期・仕上げの三段階飼料

◎みやざき地頭鶏
みやざき地頭鶏普及促進協議会事務局
宮崎市広島1-13-10
TEL 0985-29-43275
種 ♂地頭鶏×劣性WR F1♀九州ロード(ロード×劣性WR)
齢 120日♀150日
重 3.4kg
形 全期間平飼い、6羽/3.3kg
飼 ブロイラー用飼料と一部自家配合飼料等

◎宮崎の赤どり
宮崎サンフーズ㈱
児湯郡新富町大字新田4180
TEL 0983-33-11151
種 ♂シェーバーレッドブロ♀シェーバーレッドブロ
齢 68日
重 2.95kg
形 平飼い
飼 専用飼料

◎サラダチキン
宮崎サンフーズ㈱
児湯郡新富町大字新田4180
TEL 0983-33-11151
種 ♂コップ、チャンキー♀コップ、チャンキー
齢 53日
重 2.8kg
形 平飼い
飼 専用飼料

◎特別飼育 豊後どり
㈱児湯食鳥
児湯郡川南町大字川南21622-1
TEL 0983-27-1165
種 ♂白色コーニッシュ♀白色プリマスロック
齢 55日
重 2.85kg
形 平飼い(開放鶏舎)
飼 当社独自の配合設計の飼料

◎大阿蘇どり
㈱児湯食鳥
児湯郡川南町大字川南21622-1
TEL 0983-27-1165

◎**日南どり**
- 飼 当社独自の配合設計の飼料
- 種 ♂白色コーニッシュ♀白色プリマスロック
- 齢 55日
- 重 2.85kg
- 形 平飼い（開放鶏舎）
- ㈱児湯食鳥
- 児湯郡川南町大字川南21622-1
- TEL 0983-27-1165

◎**日向鶏**
- 飼 当社独自の配合設計の飼料
- 種 ♂白色コーニッシュ♀白色プリマスロック
- 齢 65日
- 重 3.3kg
- 形 平飼い（開放鶏舎）
- ㈱児湯食鳥
- 児湯郡川南町大字川南21622-1
- TEL 0983-27-1165

◎**日向赤鶏**
- 飼 低脂肪用特殊飼料「めかぶ」「ハーブ」「カテキン」等添加
- 種 ♂レッドコーニッシュ系♀ロードアイランドレッド系
- 齢 75日
- 重 2.75kg
- 形 平飼い（開放鶏舎）
- ㈱児湯食鳥
- 児湯郡川南町大字川南21622-1
- TEL 0983-27-1165

◎**都味どり**
- 飼 当社独自の配合設計の飼料
- 種 ♂チャンキー・コップ♀チャンキー・コップ
- 齢 56日（平均）
- 重 2.7kg
- 形 平飼い
- 宮崎くみあいチキンフーズ㈱
- 宮崎市花ケ島町鴨ノ丸829-1
- TEL 0985-31-23348

鹿児島県

◎**さつま若しゃも**
- 飼 独自の配合飼料に有用菌添加
- 種 ♂薩摩鶏♀白色プリマスロック
- 齢 80日以上
- 重 2.4kg
- 形 平飼い
- 鹿児島くみあいチキンフーズ㈱
- 鹿児島市鴨池新町15
- TEL 099-2538-5640

◎**安心咲鶏**
- 飼 全期間休薬飼料体系（NON-GMO種子・PHFトウモロコシ使用）
- 種 ♂チャンキー、コップ♀チャンキー、コップ
- 齢 54.5日
- 重 2.72kg
- 形 平飼い
- 鹿児島くみあいチキンフーズ㈱
- 鹿児島市鴨池新町15
- TEL 099-2538-5640

◎**ジャパンファームの桜島どり**（別称）桜島どり
- 飼 開放鶏舎
- 種 ♂白色コーニッシュ♀白色プリマスロック
- 齢 54日
- 重 2.8kg
- 形 平飼い
- ㈱ジャパンファーム
- 曽於郡大崎町益丸651
- TEL 0994-76-02235

◎**ジャパンファームの桜島どりゴールド**
- 飼 低脂肪用特殊飼料
- 種 ♂白色コーニッシュ♀白色プリマスロック
- 齢 53日
- 重 2.8kg
- 形 平飼い
- ㈱ジャパンファーム
- 曽於郡大崎町益丸651
- TEL 0994-76-02235

◎**赤鶏クックロゼ**
- 飼 麦を主体とした飼料
- 種 ♂グランルージュ♀グランルージュ
- 齢 65～67日
- 重 2.55kg
- 形 平飼い
- 赤鶏農業協同組合生産部
- 出水郡野田町下名91
- TEL 0996-84-3105

沖縄県

◎やんばる地鳥 （別称）はやま地鳥

㈱中央食品加工
浦添市勢理客4-17-11
TEL 098-877-5742

種 ♂はやま地鶏（ロードアイランドレッド×ロードアイランドレッド×ホワイトロック）♀はやま地鶏（ロードアイランドレッド×レッドコーニッシュ）
齢 90日
重 3.8kg
形 トタン屋根平飼い、坪羽数約20羽／坪
飼 配合飼料（琉飼印ブロイラー前期用、琉飼印ヘルシーバード）

国産銘柄鶏ガイドブック2003年度版（社団法人日本食鳥協会監修・㈱全国食鳥新聞社刊）より抜粋

著者紹介
(50音順)

江﨑新太郎
(えざき・しんたろう)

1962年東京生まれ。大学を卒業後、日本料理の道に入る。東京・赤坂「山崎」(現在は閉店)を皮切りに、都内、京都の日本料理店で修業を積む。1994年、東京・青山に「青山えさき」を開店。11年目を迎える節目として、2005年12月に渋谷区神宮前に移転した。あくまでも伝統的な日本料理の味をベースとした日本料理だが、素材に西洋野菜などを使う江﨑氏独自のスタイル。イタリアンやフレンチのシェフたちとの交流も深く、自ら産地に赴き、天然の魚や有機農法の野菜を捜し求めて日夜新しい味づくりを考えている。とくに近年、これらの野菜をふんだんに使った料理がお客様の好評を得ている。おもな著書は『お料理手ほどき えさき流日本料理』(柴田書店)など。

青山えさき／東京都渋谷区神宮前3-39-9ヒルズ青山B1　TEL 03（3408）5056

猪股善人
(いのまた・よしと)

1950年長崎生まれ。数々の有名焼き鳥店で修業を積んだのち、日本を旅立ちフランスに渡る。首都パリにて、焼き鳥店に勤務し、かの地に日本の焼き鳥を広めた。1994年に帰国。翌年東京・中目黒に「鳥よし」を開店する。フランスでの経験からか、焼き鳥によく合うワインの品揃えも豊富。開店から10年以上たった今でも、連日店の前にはウェイティングのお客様が後を絶たない。その後西麻布店を、ついで2004年には銀座・コリドー街の銀座店を、007年に赤坂を、2010年に「宮新」を銀座店の2階に開店。鶏は伊達鶏の丸を仕入れてさばいている。頻繁に産地を訪ね、つねに素材に関心をもって吟味し、幅広い層から愛される焼き鳥を焼き続けている。

鳥よし中目黒店／東京都目黒区上目黒2-8-6　TEL 03（3716）7644
鳥よし西麻布店／東京都港区西麻布4-2-6菱和パレス西麻布B1　TEL 03（5464）0466
鳥よし銀座店／東京都中央区銀座7-2先コリドー街　TEL 03（5537）3222
鳥よし赤坂店／東京都港区赤坂3-20-3　TEL 03（5549）9090
宮新（鳥料理）／東京都中央区銀座7-2先コリドー街2階　TEL 03（3569）2067

出口喜和
(でぐち・よしかず)

1968年長崎生まれ。故郷を離れ、兵庫の「神戸飯店」に入社。中国料理の道に入る。県内の数ヵ所の支店に勤めたのち、香港に渡り、内臓専門店で働く機会を得る。さまざまな動物のと殺から解体、調理までをこの店で学び、現地の味を知るという貴重な体験をする。1993年に帰国し、吉祥寺「聘珍楼」、南青山「虎萬元」を経て、北京ダックで有名な広尾の「胡同四合坊」の料理長に就任。赤坂「白碗竹筷樓」の料理長を歴任したのち、独立。1999年富士見台に「源亮輪」を開店する。内臓料理や、ダイナミックな肉料理、魚料理、本場仕込みの味には定評がある。近隣はもちろん、遠方からも出口氏の料理を楽しみに足を運ぶお客様が後を絶たない。2006年、近隣に麺飯中心の姉妹店「源亮輪 麺篠居士」を開店。

源亮輪／東京都中野区上鷺宮4―16―10セイワビル　TEL 03（5987）3507
源亮輪 麺篠居士／東京都練馬区貫井3―16―11関口ビル1階　TEL 03（3999）2185

谷 昇
(たに・のぼる)

1952年東京生まれ。六本木の「イル・ド・フランス」を皮切りに料理の道に入る。都内のレストランで働きながら、24〜25歳の時にパリで、37歳の時に再び渡仏し、アルザス地方の三ツ星レストラン「クロコディル」と二ツ星レストラン「シリンガー」で修業を積む。帰国後青山サバス（現在は閉店）、六本木「オー・シザーブル」でシェフを務める。1994年に「ル・マンジュ・トゥー」のオーナーとなり、1996年よりシェフとなる。料理にかける熱い情熱と独自のスタイルは数多くの若き料理人たちに大きな影響を与えている。おもな著書に『ル・マンジュ・トゥー素描するフランス料理』（柴田書店）のほか多数。

ル・マンジュ・トゥー／東京都新宿区納戸町22　TEL 03（3268）5911

鶏料理

部位別の基本と和洋中のレシピ

初版発行	2005年9月20日
6版発行	2011年8月10日

著者Ⓒ 猪股善人（いのまた・よしと）・江崎新太郎（えざき・しんたろう）
　　　 谷 昇（たに・のぼる）・出口喜和（でぐち・よしかず）

発行者　土肥大介

発行所　株式会社柴田書店
　　　　〒113-8477
　　　　東京都文京区湯島3-26-9　イヤサカビル
電話　　営業部　　　03-5816-8282（問合せ）
　　　　書籍編集部　03-5816-8260
URL　　http://www.shibatashoten.co.jp
印刷　　凸版印刷株式会社
製本　　凸版印刷株式会社

ISBN 978-4-388-05981-2

printed in Japan

本書収録内容の無断転載・複写（コピー）・引用・データ配信などの行為は固く禁じます。
乱丁・落丁本はお取替えいたします